3

알타이 스케치

신장 알타이 편

알타이 스케치

신장 알타이 편

동북아역사재단 엮음

동북아역사재단은 지난 2012년 몽골 알타이 지역과 2013년 러시아 산지 알타이Gorno-Altai 지역 연구에 이어 2014년에는 중국 신장新疆 알타이[1] 지역에 대한 학제적 연구를 수행했다. 당초 이 연구 프로젝트는 '알타이'와 그 문화에 대한 새로운 조망을 하기 위해서 추진하였다. 한국인들은 '알타이'라는 말에 대해서 정서적으로 매우 가까운 친근감을 느끼는 듯하다. 그도 그럴 것이 '알타이산맥', '알타이어족', '알타이계 민족 신화' 등 '알타이' 관련 용어들이 우리 귀에 그다지 낯설지 않기 때문이다. 이와 더불어 '알타이학회'와 알타이 관련 각종 전시회,[2] 그리고 간간이 발간되는 저술[3] 등은 이 지역이 우리와 특별한 관련이 있다는 인상을 심어주었다.

알타이는 러시아·카자흐스탄·몽골·중국 등 네 나라에 걸쳐 있는 총 연장 1,600km의 거대한 산맥을 이르는 말이다. 서북쪽에서 동남쪽으로 엇비스듬히 뻗어 있는 이 산맥은 때로는 동서 또는 남북 지역 사이를 차단하는 벽의 역할을 하였으며, 또 때로는 경계지대이자 완충지대로서 상호 이질적인 민족이나 국가와 문화 등이 교류하는 통로 역할도 했다. 그런 까닭인지 이 산맥의 남북 또는 동서의 문화는 시대에 따라 이질성을 보이기도 하고, 또 동질성도 띠는 등 매우 복합적인 모습을 보여주고 있다.

알타이 지구와 같은 광활한 지역의 역사와 문화를 한눈에 조망하기란 결코 쉽지 않다. 재단은 이 지역을 크게 몽골 알타이, 산지 알타이,

신장 알타이, 카자흐 알타이 등 네 권역으로 구분하고, 각 권역별 주요 민족과 언어, 물질문명과 정신문화, 조형예술 등의 세계를 학제적으로 조망하고자 했다. 또한 현지 학계의 연구성과를 여과 없이 국내 학계에 소개하고자 했으며, 그에 따라서 가능하다면 현지 전문 연구자들과 공동으로 조사 연구팀을 구성하여 현장조사를 실시하고, 또 참여한 공동연구원들이 직접 원고 집필을 하도록 했다. 이와 같은 공동조사 및 연구의 성과물이 바로 『알타이 스케치 1』(몽골 알타이 편)과 『알타이 스케치 2』(산지 알타이 편)이다. 그리고 이번에 발간되는 『알타이 스케치 3』(신장 알타이 편)은 그 세 번째 연구 성과물이다.[4]

신장 알타이 지역에 대한 연구도 이와 같은 입장의 연장선상에서 실시했다. 신장은 알타이산맥의 남쪽 지역에 위치해 있다. 지금은 중국 신장위구르자치구에 속하지만, 이 지역이 안고 있는 역사적·문화적 함의는 실로 유원하고도 크다.

지정학적으로 볼 때 신장은 세 개의 분지와 산맥으로 이루어져 있는데, 그중에서도 분지는 남쪽의 타림, 동남쪽의 투루판, 그리고 북쪽의 중가리아 등이 있다. 타림분지는 쿤룬崑崙산맥과 그 동쪽 지맥인 알틴 타그Altin Tagh와 경계를 이루고 있고, 톈산天山산맥은 타림과 중가리아를 구획한다. 알타이산맥은 중가리아와 몽골을 나눈다. 또한 톈산의 쿠루크 타그Kuruq Tagh는 타림과 투루판분지를 나누고 있다. 이렇듯 신장은 쿤룬, 톈산, 알타이 등의 산맥과 그 지맥들로 둘러싸인 세

개의 커다란 분지로 구성되어 있다.

산맥들 가운데서도 쿤룬은 신장과 티베트를 구분하며, 그곳에는 세계에서 두 번째로 높은 고드윈 오스턴Godwin Austen산(K2, 8,611m)이 있고, 그 남쪽으로는 7,500m급의 봉우리들이 파미르고원과 이어져 있다. 또한 투루판분지에 있는 아이딩 콜Ayding Kol은 해수면 아래 154m 지점에 위치해 있으며, 이는 사해死海에 이어 세계에서 두 번째로 낮은 저지대이다. 따라서 신장에는 세계에서 두 번째로 높은 봉우리와 두 번째로 낮은 저지대가 병존하고 있는 셈이다.

이렇듯 북동쪽으로는 알타이산맥이 서북쪽에서 동남쪽으로 솟아 있고, 중앙부에는 톈산이 동서로 띠를 이루고 있으며, 남쪽으로는 쿤룬이 각각 자리를 잡고 있다. 해발 4,000m를 넘는 산봉우리에는 만년설이 쌓여 있고, 이들은 녹아서 분지에 초지를 형성하는 자양분이 되고 있다. 남서쪽으로는 일리Yili강이 서쪽으로 흘러 카자흐스탄의 발하슈로 흘러든다. 중가리아의 서쪽 저지대는 제트이수Zet'isu('세미레치에'라고도 부름)를 사이에 두고 카자흐스탄과 이어져 있다. 투루판에서 중국의 간쑤甘肅 회랑을 잇는 사막 도로는 중국 중심부로 이어진다.

투루판의 주민들은 만년설이 녹아서 흐르는 물을 '카레즈Kārēz'라는 독특한 지하 저수고와 수로를 통해 끌어들여 농사를 지었으며, 그 산출물을 북부 지역의 유목민들과 교환했다. 타림분지의 남쪽과 북쪽 가장자리를 따라 존재했던 고대 도시들을 가로지르는 대상로가 실크로드의 중앙노선이었다고 알려졌다. 타림분지에서 키르기스스탄, 카자흐스탄, 우즈베키스탄, 타지키스탄 등을 지나 아프가니스탄이나 인도 그리고 파키스탄 등으로 연결되는 통로가 있었던 것이다. 이들 지역의 중간중간에는 알마티·비쉬케크·타슈켄트·사마르칸트·부하라·이스탄불 등의 도시들이 세워져 있었다.

그러므로 신장은 북쪽의 유목민들과 남쪽의 중국 농경민들, 서쪽으로는 인도와 파키스탄 등지에 이르는 교역로의 중심지였던 셈이다. 이런 이유 때문에 학자들은 신장을 실크로드의 중심지이자 아시아의 교차로라고 불렀다. 이와 같은 공간적 의미를 지닌 신장은 이미 석기시대부터 이 지역을 거점으로 삼고 살았던 사람들의 흔적이 남아 있다. 또한 이 공간 속에는 시간의 추이에 따라서 바뀌어 온 문화 주인공들의 흔적이 차곡차곡 중첩되어 있고, 그러한 흔적을 통하여 지금은 황막하면서도 적막한 사막이 한때는 '옥玉의 길', '견마지로絹馬之路', '동서 문명의 교역로', '실크로드' 등으로 불리게 된 이유를 알게 된다.

'옥의 길'이나 '견마지로' 등을 통해 살필 수 있듯이, 문명의 여명기부터 이 지역을 중심으로 한 동서 그리고 남북으로부터 사람과 더불어 물자·종교·사상 등이 오가고 또 이질적인 문물이 서로 교류하였던 무대가 바로 신장 알타이 지역이다. 또한, 역사시대로 접어들어 유목민과 농경민이 첨예하게 대립하면서 교류와 두쟁을 펼쳤던 공간이기도 하다. 어디 그뿐이랴. 이 지역에서 발흥한 민족들의 흥망성쇠에 따라 중앙아시아는 물론 유라시아대륙의 문화 지각도 바뀌었던 변동의 진원지이기도 했다. 이 때문에 신장 알타이 지역은 이웃한 몽골 알타이나 산지 알타이 지역에 비해 훨씬 더 복잡하고 다양한 민족 구성과 종교 변혁, 여러 개의 신화소와 언어 그룹을 보인다.

이번에 발간되는 『알타이 스케치 3』(신장 알타이 편)은 바로 이런 점에 초점을 두고 기획된 것이며, 그에 따라서 민족·종교·신화·언어 등 모두 네 개의 주제로 장을 구성했다. 이 가운데 첫 번째 장은 '신장 알타이 민족 구성의 역사적 변천'을 다루었으며, 두 번째 장은 '신장 알타이의 종교'를 논했다. 세 번째 장은 '신장 알타이의 신화'이며, 네 번째 장은 '신장 알타이의 언어'를 다루었다. 당초 계획은 '신장 알타이 지역의 고대 미술'도 함께 조망하는 것이었으나, 여러 가지 사정으로 인하여 연구가 중지되어 책에 싣지 못했다.

첫 번째 장은 한국외국어대학교의 이평래 박사가 집필했다. 필자는 알타이 지구 민족 구성의 기본구조, 현대 알타이 지구의 행정구역과 민족 구성, 카자흐족의 이주, 한족과 후이족의 이주, 위구르족과 몽골계 민족의 이주, 그 외 민족의 이주 등으로 절을 나누어 신장 알타이 지역으로 이주한 민족의 변화과정을 역사적으로 추적했다. 따라서 독자들은 신장 알타이 지역 민족 구성의 기본구조와 더불어 어떤 경로와 과정을 거쳐 이 지역의 거주민들이 오늘과 같은 체제를 갖추게 되었는지 살필 수 있다.

두 번째 장은 연세대학교 인문학연구원의 이유진 박사가 집필했다. 필자는 이 지역의 종교 문제를 선사시대 신장 알타이의 종교, 신장 지역 종교의 변천사, 신장 알타이 유목 민족의 늑대 숭배와 샤머니즘, 종교의 의미, 신장 알타이의 의미 등으로 나누어 논했다. 필자는 신장 알타이를 '신장'과 '알타이'의 교집합에 해당하는 지역으로 보았으며, 이 두 개의 지역적 범주를 고려하면서 이 지역의 종교 문제를 논했다. 이에 따라 신장에서 종교가 어떻게 변천되었으며, 알타이 지역 민족들의 공통 신앙인 샤머니즘이 이 지역에서는 어떤 양상을 띠고 있는지, 그리고 알타이 지역의 연구가 궁극적으로 어떤 방향성을 띠어야 하는지 등의 문제를 논했다.

세 번째 장은 국내 대표적인 신화학자인 김선자 박사가 집필했다. 필자는 세상의 시작에 관한 신화, 푸른 하늘, 텡그리와 푸른 늑대, 우마이 여신, 초록나무와 여신, 백조의 후손, 영웅 서사시의 주인공들, 알타이-동서의 신화를 이어주는 '황금'처럼 소중한 땅 등의 카테고리로 나누어 이 지역에서 전승하는 신화를 논했다. 필자는 중앙아시아에서 보편적으로 살필 수 있는 텡그리, 푸른 늑대, 초록나무, 우마이 등의 신화소를 소개할 뿐만 아니라 동시에 경계가 없는 이야기의 세계, 동서 문화 교류지이자 고대와 현대가 동시에 오버랩되는 지역으로서의 신장 알타이를 조명했다.

마지막으로 네 번째 장은 서울대학교 아시아언어문명학부 이용성 박사가 집필했다. 필자는 알타이 지구의 민족과 언어를 투르크계, 중국-티베트계, 몽골계, 인도-유럽계 등으로 나누어 논하고, 이어서 한국알타이학회의 현지조사 내용과 세계의 튀르크어를 소개했다. 필자는 이 글을 통하여 신장 알타이 지역에 거주하는 카자흐족·위구르족·투바족·타타르족·살라르족·한족·후이족·티베트족·몽골족·둥샹족 등 10여 개 민족의 언어를 네 개의 대그룹으로 분류하여 논하였으며, 현장조사 과정에서 획득한 흥미로운 자료들을 소개하면서 이 지역에 거주하는 민족들의 언어에 대한 독자들의 이해를 돕고자 했다.

이와 같이 『알타이 스케치 3』(신장 알타이 편)은 신장 알타이 지역의 거주 민족과 거주민들이 믿었던 종교, 신화 그리고 언어 등에 대하여 소개하고 있다. 따라서 독자들은 이 책을 통하여 신장 알타이의 공간적인 위치와 민족 구성과 그 변천과정, 각 시기별 종교와 그 변화과정, 알타이라고 하는 광역의 문화권 속에서 보편적으로 살필 수 있는 신화소, 신장 알타이 지역 신화소의 알타이적 보편성 및 독창성, 이 지역 거주민들의 갈래와 언어의 계통 문제 등을 살피면서, 현재 신장 알타이 지역의 인문학적 경관을 그려낼 수 있을 것이다.

'동투르키스탄'이나 '중국령 투르키스탄'이 학술적으로는 더 타당한 지역 이름이라고 알려진 신장 알타이 지역의 역사와 문화를 우리 프로젝트의 공동연구원들은 여러 가지 이유로 답사조차 제대로 하지 못했다. 물론 현지 전문가들과의 공동연구는 너무나도 요원한 일이었다.

그러나 공동연구원 4명은 나름대로 최선을 다하여 당초 설정하였던 목적, 즉 신장 알타이의 오늘을 이룬 배경과 현재의 모습을 제대로 그려내기 위하여 노력했다. 연구환경이 열악하였음에도 최선을 다해 준 공동연구원 한 분 한 분께 감사의 마음을 표한다. 아울러 한 권의 책으로 모습을 갖추기까지 함께 힘써 준 출판 관계자들에게도 필자들을 대신하여 고마움을 표한다.

2015. 11
필자들을 대표하여
장 석 호

---

1 이 이름이 이 지역의 역사와 문화를 잘 표상해 주지 못하기 때문에 '동투르키스탄' 또는 '중국령 투르크스탄' 등 다른 이름으로 불러야 한다는 지적이 일찍부터 있었다.

2 〈스키타이 황금전〉(1991)이나 〈알타이 문명전〉(1995) 등이 대표적인 예다.

3 박시인, 『알타이 신화』, 청노루, 1994; 박시인, 『알타이 문화 기행』, 청노루, 1995; 김채수, 『알타이 문명과 요하문명론』, 박이정, 2014 등이 대표적인 예다.

4 여러 가지 사정으로 『알타이 스케치 3』(신장 알타이 편) 연구과정에서 현지 연구자는 참여하지 못했다.

차례

신장 알타이 민족 구성의 역사적 변천

이평래(한국외국어대학교 중앙아시아연구소 연구교수)

1

알타이 지구 민족 구성의 기본구조

알타이 지구[1]는 남북으로 중가리아와 시베리아, 동서로 몽골초원과 카자흐 초원으로 이어지는 유라시아대륙 중앙부에 위치한다. 따라서 알타이 지구는 고래로 민족이동의 통로이자 여러 민족이 취거聚居하는 민족융합의 장이었다. 고고학자들과 인류학자들의 연구에 따르면, 기원전 2000~기원전 1800년대로 추정되는 알타이 지구를 포함한 신장 지역의 초기 거주민은 코카소이드(백인종)와 몽골로이드(황인종) 그리고 둘의 혼혈인종으로 대별된다. 이들이 구체적으로 어떤 민족인지는 기록상으로 나타나지 않는다. 중국인들이 알타이 지구를 포함한 현재 중국의 서북부 지역 거주민에 대한 구체적인 기록을 남기기 시작한 것은 진·한秦漢시대부터다. 주지하듯이 그 이전에는 오늘날 신장 지역 거주민들을 두루뭉술하게 서융西戎이라 통칭했다.

기록상으로 확인되는 신장 지역 최초의 거주민은 인도유럽어를 사용한 사카Saka(한문 자료의 賽, 그리스 자료의 Skythai)족이다. 사카족은 시베리아와 신장 북부에서 흑해에 이르는 유라시아 초원지대 전역에 퍼져 살았던 이란계 유목민이다. 기원전 6세기~기원전 5세기 전후에 중앙아시아와 시베리아로부터 신장으로 이주한 사카인들은 현재의 일리伊犁강 유역, 파미르고원의 타슈쿠르간, 톈산 남쪽의 톡순托克遜 근처 등지에 자신들의 삶의 흔적을 남

---

1 이 말은 중화인민공화국 신장위구르자치구 일리카자흐자치주(伊犁哈薩克自治州) 예하 행정구역의 하나인 알타이 지구(阿勒泰地區)를 그대로 옮긴 것이다. 몽골 알타이, 러시아의 산지 알타이, 카자흐 알타이와 구분하기 위하여 일부러 중국식 행정단위를 사용했음을 밝혀둔다. 이하 특별한 부연설명이 없는 한 이 글에서 사용하는 알타이는 알타이 지구를 지칭하는 개념으로 사용한다.

졌다.[2] 물론 알타이 지구라고 하는 현재의 행정구역 내에서 사카유적이 발견된 것을 확인하지는 못했지만 일리강이 이곳에 인접해 있고, 또한 시베리아로부터 남하한 사카인들이 알타이 지구에 들어와 거주했을 가능성은 얼마든지 있다. 중국 연구자들이 사카를 고대 알타이 지구 구성원으로 본 것도 아마 이 때문일 것이다. 학자들은 일리강 유역의 사카인들이 후대에 이곳으로 이주한 월지月氏나 오손烏孫인들과 만난 결과 민족융합이 이루어졌을 것으로 보고 있다.

역사 초기에 알타이 지구에 거주한 또 다른 집단은 월지다. 일부 학자들에 따르면, 월지인의 조상은 알타이산맥과 예니세이강 분지에서 살다가 간쑤甘肅와 신장 지역으로 남하했다고 한다. 물론 이에 대한 반론도 있다. 또 다른 학자들은 이들이 역사상의 기록에 등장하기 이전부터 간쑤의 둔황敦煌과 치롄祁連산맥 인근에 거주한 토착민이라 하고,[3] 또 일부는 그들의 원거주지가 아예 우즈베키스탄 남부와 아프가니스탄 북부의 박트리아Bactria라고 주장한다.[4] 아무튼 월지의 출자出自에 대해서는 중앙아시아 역사의 수수께끼라고 할 정도로 말끔히 정리되지 않았지만, 첫 번째 가설은 월지인들이 주로 중국 서부 허시후이랑河西回廊에서 톈산과 알타이산맥 동쪽 끝 사이의 초원지대에서 거주했다고 하는 중국 측의 기록과도 일치하여 신빙성이 높다고 할 수 있다. 그 후 월지인들은 기원전 175년경 흉노의 공격으로 받고 패주하여 일리강 상류 지역으로 이주하지만, 기원전 130년경 재차 흉노의 공격을 받고 소그디

---

2 제임스 A. 밀워드 지음, 김찬영·이광태 옮김(2013), 『신장의 역사 – 유라시아의 교차로 –』, 사계절, 55~56쪽.

3 제임스 A. 밀워드 지음(2013), 위의 책, 56~57쪽.

4 오타니 니카오 지음, 민혜홍 옮김(2008), 『대월지 – 중앙아시아의 수수께끼 민족을 찾아서 –』, 아이필드.

아나를 거쳐 아무다리야강 중류 유역에 있던 박트리아왕국을 멸망시키고 쿠샨Kushan(1~3세기경)왕조를 건설했다. 따라서 얼마나 많은 월지인 또는 그들의 후손들이 현재의 알타이 지구에 거주하거나 잔류했는지는 가늠하기 어렵지만, 그들이 이 지역 거주민 형성에 일익을 담당한 것만은 부인할 수 없다.

그 후 흉노匈奴(기원전 3세기~1세기)에서 몽골제국(1206~1368)에 이르기까지 몽골고원에 중심을 둔 유목국가, 즉 선비鮮卑(2세기 중반~3세기 중반), 유연柔然(5~6세기), 돌궐突厥(6~8세기), 위구르(한어의 회흘回紇, 8~9세기), 몽골제국 등이 직간접적으로 알타이 일대를 지배하게 되는데, 이 기간에 잦은 민족이동이 이루어졌다는 점을 고려하면 이들 역시 알타이 지구의 민족 구성에 참여했다고 볼 수 있다. 이들은 모두 몽골로이드로서 몽골계(몽골, 선비) 또는 튀르크계(돌궐과 회흘)에 속하지만, 흉노와 유연에 대해서는 몽골계인지 튀르크계인지를 놓고 학자들 사이에 의견이 엇갈린다. 특히 동쪽의 대싱안링大興安嶺산맥에서 서쪽의 카스피해에 이르는 광대한 지역을 통치한 돌궐은 583년 동서로 분열되었는데, 오늘날 알타이 지구는 바로 동서 돌궐의 경계지대에 해당한다. 따라서 돌궐계 사람들이 현재의 알타이 지구 민족 구성에 가장 적극적으로 기여한 집단이라고 할 수 있다.

지금까지의 설명을 토대로 한다면, 선사시대에서 몽골제국시대에 이르기까지 이곳의 주요 거주민은 이란계, 몽골계, 튀르크계 유목민 집단이 기층을 이루었다고 할 수 있다. 물론 이 기간에도 소수이지만 한인漢人을 비롯한 기타 집단들이 여러 가지 이유로 알타이 지구 또는 그 주변으로 이주했을 것이다. 몽골제국시대 이후에는 그 물결이 더욱 강화되고, 또 다른 몽골 및 튀르크계 집단이 이곳으로 이주하여 현재 알타이 지구의 민족 지도를 만들었다고 할 수 있다. 이 점을 염두에 두고 먼저 오늘날 알타이 지구에 어떤 민족이 어느 정도 살고 있는지 그리고 그 숫자는 얼마 정도인지부터 살펴보도록 하자.

| 현대 알타이 지구의 행정구역과 민족 구성

2014년 현재 알타이 지구는 1개의 현급縣級 시(아러타이시阿勒泰市), 1개의 (신장)성 직할시(베이툰시北屯市), 6개의 현(부얼진현布爾津縣, 푸윈현富蘊縣, 푸하이현福海縣, 하바허현哈巴河縣, 칭허현淸河縣, 지무나이현吉木乃縣), 1개의 생산건설병단(신장생산건설병단농십사新疆生産建設兵團農十師)[5]으로 구성되어 있다. 2010년 통계자료를 기준으로 알타이 지구의 행정구역과 각 구역의 인구수를 정리하면 〈표 1〉과 같다.

알타이 지구의 인구는 66만 2,186명(호적인구)으로 신장 전체(2,181만 3,334명)의 3% 정도밖에 안 되지만 민족 구성은 매우 복잡하다. 이를 이해하기 위해서는 먼저 신장 전역의 민족 구성을 살펴볼 필요가 있다. 현재 신장위구르자치구에는 공식적으로 한족을 포함하여 13개 민족이 살고 있다.[6] 그러나 이는 중국 공산당이 신장을 해방할 때 공식적으로 승인한 민족이 13개라

---

5 1949년 12월 이래 신장에 주둔하기 시작한 인민해방군의 식량문제를 해결하기 위하여 조직된 생산 및 건설 부대다. 1949년 12월 5일 중앙 인민정부 군사위원회의 명으로 이 계획이 시달된 후 1950년부터 일부 군부대가 생산활동에 종사하고, 1954년 8월에는 '신장군구생산건설병단'(이하 '생산건설병단'으로 약칭)이라는 명칭을 갖고 공식적으로 출범했다. 그 후 문화혁명 시기에 개폐 기간을 거쳐 1981년 공식적으로 부활되어 현재에 이르고 있다. 생산건설병단은 한나라 시대 이래 역대 왕조의 서역둔전(西域屯田)의 전통을 계승한 것으로, 신장 각지에 한족 중심의 조직을 인위적으로 배치하여 농업생산의 제고는 물론 신장 사회 전체를 개편하려는 의도 아래 추진되었다. 이는 행정구역상으로도 신장위구르자치구와는 별개의 독자적인 행정, 경제, 문화·교육, 사회복지 시스템을 갖추고 있는 또 하나의 신장이다. 후술하듯이 생산건설병단 출범으로 신장의 한족 인구가 급격하게 증가했다.

6 http://wenku.baidu.com/link?url=D1SCyrmk2kxNhtt5F5fPL61hh_uPSwxP8h17UgV65Z0XsvOVwzKZ0JncIYy8LIx-R7ebMmfLGbSXYfyNXjwQt4N0aKNHL06WJSmesaIwiPS&pn=50(2014년 12월 6일 검색).

표 1 알타이 지구 행정구역과 각 지역 인구수(2010)

구역 명칭	상주인구[1]			호적인구[2]
	총인구(명)	비중(%)	인구밀도(km^2)	
알타이 지구	603,283	100	5.15	662,186
알타이시[3]	190,064	31.50	17.55	233,679
부얼진현	66,758	11.07	6.45	71,658
푸윈현	87,886	14.57	2.73	93,911
푸하이현	81,845	13.57	2.46	74,035
하바허현	82,057	13.68	10.10	86,556
칭허현	58,858	9.76	3.74	63,197
지무나이현	35,365	5.86	4.94	39,150

1. 中華人民共和國國家統計局(2012),『中國2010年人口普查分縣資料』. 北京: 中國統計出版社.
2. 中華人民共和國公安部(2011),『中華人民共和國全國分縣市人口統計資料2010』. 北京: 群衆出版社.
3. 北屯市는 원래 北屯津으로서 알타이시 관할구역으로 되어 있었지만 2011년 12월 28일 정식으로 北屯市로 승격했기 때문에 2010년 인구수 역시 알타이시에 포함시켰다.

* http://zh.wikipedia.org/wiki/%E9%98%BF%E5%8B%92%E6%B3%B0%E5%9C%B0%E5%8C%BA (2014년 12월 6일 검색)

는 것을 말할 뿐 신장 기주 민족을 모두 망라한 것은 아니다. 신장에는 알타이 지구의 투바인圖瓦人[7]과 같이 소수민족으로 취급받지 못한 민족도 있다. 어떻든 공식적인 승인절차를 거쳐 자치구 성립 이전부터 이들 소수민족의 자치주自治州, 자치현自治縣, 자치향自治鄉이 설치되었다. 이들 주와 현은 신장 위구르자치구라는 명칭과 똑같이 지명에다가 민족명을 더한 구조를 갖고 있고, 또한 지리적으로도 매우 복잡한 사정을 노정하고 있다. 그렇지만 〈그

---

7 알타이 지구에 거주하는 투바인들은 동 지구 북서부의 카나스호(喀纳斯湖) 주변에 살고 있다. 이들은 소수민족으로 공인받지 못할 뿐 아니라 같은 지역의 몽골족 사회의 일원으로 간주되고 있다. 이들은 원래 중가르제국의 지배하에 있었지만 1754년 청조에 복속한 후 청에 의하여 7기(旗)로 편제되어 알타이산맥 부근, 즉 오늘날 신장 동부와 몽골국 서부 그리고 러시아의 산지 알타이 남부에 거주했다. 대부분 오이라드, 부랴트, 몽골 씨족명을 갖고 있으며 오이라드 방언을 사용하지만 일부는 투바어를 구사한다. 이들이 현재 알타이 지구에 거주하는 투바인일 것이다.

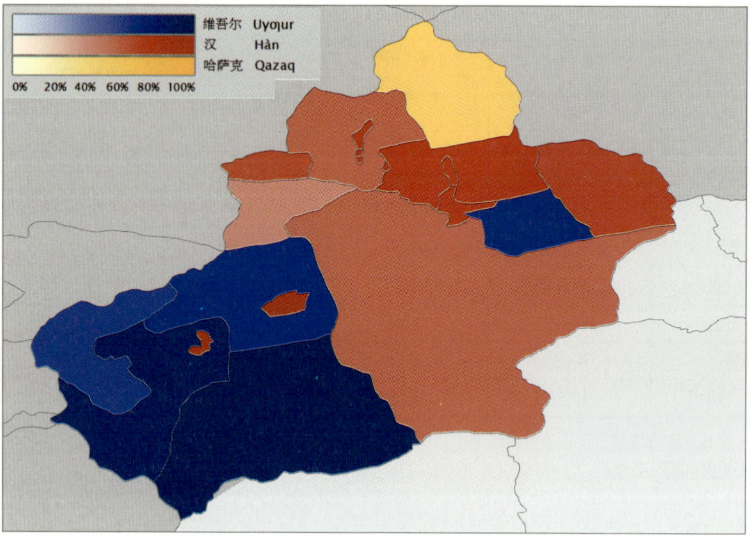

그림 1 신장의 주요 민족 구성도
http://commons.wikimedia.org/wiki/File:Xinjiang_nationalities_by_prefecture_2000.png (2014년 12월 6일 검색).

림 1〉에서 보듯 신장 전체를 놓고 볼 때 위구르족維吾爾族, 한족漢族, 카자흐족哈薩克族이 알타이 지구 최대 민족임을 한눈에 알 수 있다.

또한 〈그림 1〉에서 보듯 청색은 신장의 최대민족인 위구르족, 붉은색은 한족, 주황색은 카자흐족이 각각 다수를 점하는 지역이다. 색상의 농도는 해당 민족의 밀집도 정도를 나타낸다. 이 가운데서 알타이 지구는 맨 위 북동쪽 끝의 주황색 부분이기 때문에 카자흐족이 우세한 지역임을 한눈에 알아볼 수 있는데, 이곳 역시 신장의 복잡한 민족 구성과 국가공인의 소수민족 그리고 비공인 소수민족 상황이 그대로 재현된다고 보면 된다. 즉 〈표 2〉에서 보듯 현재 알타이 지구에는 카자흐족, 한족, 위구르족 외에도 수많은 민족이 거주하고 있다. 당연하지만 이들 중에도 신장 전역의 민족구성처럼 국가로부터 공식적으로 공인 받지 못한 소수민족도 있다.

표 2 알타이 지구 주요 민족의 인구(2010)

민족	카자흐	한	후이	위구르	몽골	둥샹
인구(명)	328152	232563	23656	8703	5376	2261
총인구 중 점유 비율(%)	54.39	38.55	3.92	1.44	0.89	0.37
소수민족 중 점유 비율(%)	88.52	–	6.38	2.35	1.45	0.61

민족	타타르	살라르	러시아	티베트	기타
인구(명)	534	278	254	241	1264
총인구 중 점유 비율(%)	0.09	0.05	0.04	0.04	0.21
소수민족 중 점유 비율(%)	0.14	0.07	0.07	0.07	0.34

新疆維吾爾自治區人民政府人口普查領導小組辦公室(2012). 『新疆維吾爾自治區2010年人口普查資料』. 北京: 中國統計出版社.

앞서 설명한 것처럼, 알타이 지구 인구 가운데서 카자흐족이 과반수 이상을 점하고 있다. 그다음으로 한족이 많은 것은 뒤에서 언급할 한족으로 구성된 중국 내지內地에서 신장 북부로 이주해 온 생산건설병단의 활동과 깊은 관련이 있다. 세 번째로 많은 후이족回族은 이들이 주로 중국 서북부에 집중 거주하고 있기 때문일 것이다. 몽골족 그리고 몽골계로 분류되기도 하는 둥샹족東鄕族의 존재는 이곳이 몽골 알타이와 접경하고 있다는 점 그리고 몽골제국시대부터 20세기 초기까지 이 지역이 몽골인들의 지배하에 있었기 때문이다.

〈표 2〉에 나타난 인구수는 알타이 지구 전체를 조사한 것으로, 지역에 따라 주요 민족과 인구구성에서 그들이 점유하는 비율도 달라진다. 예를 들면 2010년 현재 알타이시의 총인구는 19만 명인데, 이 가운데서 한족이 53.14%로 가장 많고 카자흐족은 38.68%로 그다음에 해당한다.[8] 알타이 지구에는

8 http://www.alt.gov.cn/Article/ShowArticle.aspx?ArticleID=44124(2014년 12월 9일 검색).

또한 비록 인구수는 많지 않지만 〈표 2〉에 나타나 있지 않은 여러 민족이 살고 있다. 알타이시를 예로 들면 〈표 2〉에 등장하는 민족 외에도 먀오족苗族, 장족壯族, 이족彝族, 부이족布依族, 차오시엔족朝鮮族, 만족滿族, 둥족侗族, 야오족瑤族, 투자족土家族, 다이족傣族, 리족黎族, 키르기스족柯爾克孜族, 투족土族, 시버족錫伯族, 우즈베크족烏孜別克族 등 모두 25개 민족이 살고 있다.[9] 또한 앞서 언급했듯이 투바인들처럼 여기에도 포함되지 못하는 소수민족도 있다.

오늘날 알타이 지구에 거주하는 사람들 가운데 일부는 조상 대대로 이 지역에 살아온 집단도 있겠지만 대다수는 각기 다른 시기에 여러 가지 다른 이유로 현재의 거주지로 이주한 사람들의 후손이다. 그렇다면 과연 이들이 언제 어떤 이유로 알타이 지구로 이주하게 되었는지를 살펴보는 것도 흥미가 있을 것이다.

카자흐족의 이주

카자흐인들이 언제부터 알타이 지구에 들어와 살기 시작했는지를 정확히 밝혀내기는 어렵다. 다만 청나라 측의 자료에 따라 대체적인 경향을 살피는 것은 가능하다. 카자흐인들의 청나라로의 이주와 관련하여 하나 주목해야 할 사항은 그것이 러시아의 카자흐초원 진출 및 지배와 밀접한 관련이 있다는 점이다. 16세기 말부터 시베리아로 진출한 러시아는 18세기에 들어와 카자흐초원으로 눈을 돌렸다. 러시아가 카자흐초원 북변에 도착할 무렵 카자흐 유

9 각주 8과 같음.

목민들은 이미 정치적인 통합력을 상실하고, 서쪽에서부터 차례대로 소쥐즈kishi jüz, 중쥐즈orta jüz, 대쥐즈ulu jüz라는 3개의 부족연합체로 나뉘어져 있었다. 당시 카자흐인들은 서몽골 중가르제국의 거듭되는 침략으로부터 나라를 지키기 위하여 러시아에의 신속臣屬을 요청했다. 1730년 소쥐즈의 아불하이르 칸(1716~1748 재위)이 러시아에 사신을 보내 복속을 청원하고, 이를 계기로 다른 쥐즈의 칸들도 그의 전례를 따랐다.

카자흐인들의 자발적인 복속으로 러시아의 카자흐초원 진출은 보다 활발해지고, 1820년대에 들어서면 러시아는 카자흐초원의 안정을 도모하기 위하여 이미 권위를 상실한 소쥐즈와 중쥐즈의 칸을 대신하여 이 지역을 직접 통치하기 시작했다. 그리고 이 무렵 초원의 동남에 퍼져 있었던 대쥐즈의 수령들도 속속 러시아 통치를 받아들였다. 그러나 러시아인의 토지수탈, 유목민들의 계절적 이동로의 단절과 가렴주구, 러시아의 카자흐초원 진출과정에서 첨병 역할을 한 코사크 군대의 위협적인 군사징찰 등은 카자흐 유목민들의 러시아에 대한 불만과 반감을 불러왔고, 이에 대하여 카자흐인들은 반란으로 맞섰다.

청나라와 카자흐인들의 공식적인 관계 역시 러시아의 카자흐초원 진출과 거의 비슷하다. 카자흐인들이 자발적으로 러시아에 복속할 무렵인 18세기 중엽에 그들은 청조에 대해서도 똑같이 복속을 표시해왔다. 즉 중쥐즈의 수령 아불라이 칸(1712~1781)은 1757년 청조가 중가르제국을 멸망시키고 신장 지역을 지배한 직후 청 조정에 대하여 신속을 맹세했는데, 바로 이 무렵 청조 문헌에 카자흐 유목민들의 신장으로의 이주가 확인된다. 카자흐인들의 신장으로의 이주는 크게 3시기로 나눠 볼 수 있다.

제1기는 1760~1810년의 건륭제乾隆帝와 가경제嘉慶帝 시기다. 조금 전 언급했듯이 카자흐인들이 자발적으로 청조에 신속한 후 양자 사이에 무역이

증가함과 동시에 타르바가타이塔城, 일리伊寧, 알타이 지역으로의 카자흐인들의 이주 사례가 나타난다. 청 정부는 카자흐인들의 이주를 원칙적으로 금지했지만 강제로 막지는 않고, 이주민에 대하여 비교적 관대하게 대했던 것으로 보인다. 즉 견마교역絹馬交易에 대하여 상세商稅를 면제하고, 카자흐인 사회에 대하여 직접 관여하는 대신 카자흐 유목민들의 수령 등에게 왕 또는 공의 작위를 부여하여 자체적으로 관리하도록 했다. 그 결과 이주 카자흐인의 인구가 대대적으로 늘어났는데, 『서역도지西域圖志』, 『대청일통지大淸一統志』, 『대청회전사례大淸會典事例』 등 당시 청나라 자료에 의하면 1770년에 내부來附한 신장의 카자흐 인구가 3,300여 호, 1만 7,000여 명에 이르렀다[10]고 한다.

제2기는 1820년대 이후다. 이 무렵 카자흐 유목민에 대한 러시아의 직접 통치가 시작되고, 청의 북부 변계邊界로 이주하는 카자흐인들의 숫자가 더욱 많아졌다. 예를 들면 『청선종실록淸宣宗實錄』에 의하면 도광道光 2년 "오량하이烏梁海 지역에 카자흐 취집聚集 인구가 수천 호"에 달한다고 할 정도로 이주민들의 숫자가 급증했다. 이는 청조가 건륭·가경 연간 이후로 카자흐인들의 이주를 원칙적으로 금지하고 여러 가지 조치를 취했지만, 큰 효과를 거두지 못했다[11]는 것을 말해준다.

제3기는 동치同治 3년(1864) 이후다. 이때부터 카자흐인들이 집단적으로 알타이 지구에 이주해온다. 이 해에 청조와 러시아 사이에 '중러감분서북계약기中俄勘分西北界約記'가 체결되어 청나라는 서북 변계 44만 km^{2}의 땅을 러시아에 양도했다. 이곳에도 건륭·가경 연간 이래 카자흐인들이 이주하여 거

---

10 房若愚(2005), 「新疆哈薩克族人口規模變遷及分布」, 『新疆大學學報(哲學·人文社會科學版人)』 第33卷 第4期, 74~75쪽.

11 張榮(2002), 「淸代阿爾泰地區哈薩克源流述論」, 『伊犁師範學院學報』 2002年 第1期, 62쪽.

주하고 있었는데, 그들은 러시아 신민이 되는 것을 거부하고 대대적으로 동천東遷 혹은 남천南遷하여 현재의 알타이 지구로 들어와 청조의 보호를 요청했다. 바로 이들이 오늘날 알타이 지구 카자흐인의 주류를 형성했다[12]는 것이 일반적인 설명이다.

그 후 청조 내외의 정치혼란으로 일부 카자흐인들은 더 동쪽으로 이주하여 바르쿨巴里坤, 몽골, 깐수, 칭하이青海, 시짱西藏, 심지어 인도로까지 이주했다. 이 가운데서 1930년대 중화민국中華民國 시기에 칭하이와 깐수의 카자흐인들이 신장으로 돌아오고, 1984년에는 칭하이에 남아 있던 카자흐인들이 알타이 지구로 이주하여[13] 현재 신장 전역의 카자흐 집단에 합류했다. 이것을 중국 내부에서의 이주라고 한다면, 1949년 신중국 성립 이후, 특히 1950년대 말부터는 신장 거주 카자흐인들이 소련으로 집단 이주하는 사태가 발생했다. 관련 자료에 의하면 1962년 4~5월에도 카자흐족 약 6만 명이 국경을 넘었고, 일설에 의하면 1950년대 말부터 1970년까지 20만 이상의 카자흐족을 포함한 튀르크계 소수민족이 소련으로 이주했다고 한다. 한족의 대대적인 신장 이주, 소수민족 간부들의 숙청, 카자흐 유목민에 대한 강제 정착화 정책 그리고 그들의 유목지를 새로운 이주자를 위하여 농장으로 바꾸는 정책이 그들의 소련 이주를 재촉했던 것이다.

---

12 張榮(2002), 앞의 글, 63쪽.

13 http://www.doc88.com/p-6069955207282.html(2014년 12월 9일 검색).

한족과 후이족의 이주

한인들이 신장으로 이주한 것은 그 역사가 꽤나 오래되었다. 기원전 2세기 장건張騫의 서역사행西域使行과 한 무제의 서역 개척이 그 효시라고 할 수 있다. 그 후 역대 중원 왕조는 서역에 대한 직접 지배를 끊임없이 시도했고 이와 더불어 한인들의 신장으로의 이주도 끊이지 않았다. 특히 당나라 시기에는 현재의 신장에 안서도호부安西都護府가 설치됨으로써 중원 왕조가 역사상 처음으로 타림분지와 그 남북의 오아시스 및 파미르 이서以西의 중앙아시아, 신장 북부 지역의 여러 유목민 집단에게까지 직간접적인 지배력을 미쳤다. 이는 한인의 이주를 불러왔을 뿐 아니라 해당 지역에 한 문화가 이식되는 계기가 되었다. 그 대표적인 사례가 오늘날 투르판 부근에 있었던 한인 왕조 고창국高昌國이다.

그러나 신장 지역으로 한인들이 본격적으로 이주하기 시작한 것은 18세기 이후부터라고 봐야 한다. 신장 전역을 놓고 보면 18세기 이후 한인의 신장 이주는 각기 다른 시기에 각기 다른 방향과 다른 사회적 배경하에 이루어졌다. 즉 18세기 후기와 19세기 전기에 신장으로 이주한 한인들은 중국 내지에서 추방된 죄수와 관리, 군인과 민정 담당관, 상인 집단 그리고 1776년부터 이주하기 시작한 농민들이 주류를 이루었다.[14]

한인들이 신장 북부 지역으로 이주한 것은 1755년부터 시작된 청나라의 중가르 원정과 1759년 이 지역이 공식적으로 청나라의 강역으로 편입된 이

---

14 Ildiko Beller – Hann(2008), *Community Matters in Xinjiang 1880 – 1949: Towards a Historical Anthropology of the Uyghur*, Leiden: Brill Academic Publishers, pp.51~52.

후다. 이때부터 신장이 '새로운 강역'이라는 뜻의 현재의 이름으로 불리게 되었다. 당시 청조의 신장 통치는 일리에 주둔하는 일리 장군 휘하의 무력에 의존했는데, 이때 그 예하에 녹영綠營이라는 한인부대가 있었다. 이들은 산시陝西와 깐수 등지에서 윤번제로 신장에 주둔하면서 일리 장군 등의 지휘를 받았다. 아무튼 이때부터 한인들이 신장 북부, 즉 알타이 지구에서 가까운 곳에 살게 된 것은 분명하다. 또한 청 정부는 일리에 주둔하는 현지 주둔군의 식량을 조달하기 위하여 후이족 및 위구르족과 아울러 한족 농민들을 신장 북부 지역으로 이주시켰다. 그리고 후술할 1860년대 이후 중국 서북 지역을 소용돌이에 빠뜨린 후이족의 반란과 이슬람을 기치로 내건 야쿱 벡Ya'qāb beg(1820~1877) 정권의 성립, 이어진 청 정부의 신장 재정복(1878)과 성 제도의 실시(1884) 등 한인관리에 의한 직접통치가 이루어지면서 한인들이 대거 신장으로 이주했다. 이 시기 자료에 따르면, 1803년경 신장 북부 지역의 한족과 후이족은 15만 5,000명 정도였다[15]고 하니, 결코 적은 숫자가 아니다.

그 후 알타이 지구를 비롯한 신장 북부로 한족의 이주가 본격화된 것은 1949년 신중국 성립 이후다. 인민해방군은 1949년 12월 신장 북부의 일리에 도착하여 이른바 '신장의 해방' 과업에 착수했는데, 이때 많은 한인들이 신장 전역에 자리잡게 되었다. 그렇다고는 해도 1955년 10월 신장위구르자치구가 공식적으로 성립될 당시 신장의 한족 인구는 30만 명에 지나지 않았다. 자치구 성립 이후 한족 인구는 꾸준히 증가하여 1980년대에 들어와 500만 명을 돌파하게 된다. 이렇게 단기간에 놀라울 정도로 인구가 증가한 원인은 앞서 언급했듯이 생산건설병단의 일원 등으로 내지에서 대대적으로 한족들이 이

---

15 https://en.wikipedia.org/wiki/Xinjang(2015년 6월 28일 검색).

주한 때문이다.[16]

생산건설병단은 신장 전역에 퍼져 있었지만, 특히 톈산산맥 북부의 복류수伏流水를 이용하여 황무지를 개척하고 스허쯔시石河子市를 건설하는 등 신장 북부에서도 대규모 개척사업을 추진했다. 또한 지하자원의 탐사와 개발도 적극적으로 이루어졌는데, 1955년에 중가리아의 사막에서 석유가 발견되자 매장지역에 카라마이시克拉瑪依市라는 성 정부 직할의 석유정제 설비를 갖춘 산업도시를 건설하기도 했다. 이처럼 신장 북부 지역으로 진출한 한족들이 여러 가지 이유로 북쪽 끝의 알타이 지구로 이주하면서 오늘날 알타이 지구 한인의 주류를 이루었다고 할 수 있다.[17] 특히 1990년대 이후 근년에는 서부 대개발 열풍에 힘입어 중국 전역에서 신장으로 이주하는 한족 인구가 지속적으로 증가하고 있는데, 이들 역시 현재의 알타이 지구 한족 인구에 기여했다고 할 수 있을 것이다.

후이족의 기원은 대외무역이 성했던 당나라 시대에서 원나라 시대까지 중앙아시아와 인도양 등을 거쳐 중국에 들어온 아랍계, 페르시아계, 튀르크계 무슬림 그리고 그들과 통혼하여 개종한 중국인(주로 한족)으로 추정되는 한화漢化된 이슬람교도를 말한다. 외모도 한족과 비슷하고 언어 또한 한어를 사용하지만, 종교(이슬람) 관련 용어는 아랍어, 페르시아어, 튀르크어에서 기원하는 어휘를 차용하여 쓴다. 후이족은 오랫동안 한족 등과 어우러져 함께 살아왔지만 이슬람 율법에 따른 생활을 하여 한족과는 식습관이나 관혼상제 등의 습속이 크게 다르며, 이 차이가 후이족을 별개 민족 집단으로 구분하게 하는

---

16 1959년에서 1960년대 말까지 주로 河南, 四川, 甘肃, 安徽, 湖南, 山东, 江苏, 陕西, 青海省 농민들이 신장으로 이주했다.

17 고마츠 히사오 외 씀, 이평래 옮김(2005), 『중앙유라시아』, 소나무, 412~416쪽.

근거가 된다. 청나라 시대에는 한족 출신 무슬림을 막연하게 '회민回民' 또는 '한회漢回' 등으로 불렀지만, 중화인민공화국의 민족식별공작民族識別工作에 따라 이들을 한족과 별도의 소수민족으로 인정했다. 특이한 점은 이때 후이족 스스로 독자적인 소수민족으로 인정받기를 원했고, 이를 중국 정부가 수용했다는 것이다. 이는 아마도 후이족이 체험해 온 청나라 시대와 중화민국 시대의 역사적 경험, 정치 및 경제적 사정 그리고 민족 집단의 자의식을 언어나 형질이 아니고 종교로 나눠 생각하는 후이족의 인식, 중화인민공화국 정부 당국의 민족자결 이데올로기, 한족의 후이족에 대한 차별의식 등의 영향 때문으로 보인다.

현재 후이족은 닝샤寧夏, 깐수, 칭하이, 신장 등 서북지역에 집중 거주하고 있다. 중국 전역의 후이족 인구는 1,050만 명(2011년 통계), 신장의 후이족 인구는 98만 359명(2010년 통계) 정도다. 신장 전역에 거주하지만 주요 거주지는 창지후이족자치주昌吉回族自治州(17만 4,000명, 신장 전역 후이족의 20.7%), 일리 지역(29.1%), 우루무치(19.9%), 엔치후이족자치현焉耆回族自治縣과 우쑤烏蘇에 약 3만 명 정도가 살고 있다.

이처럼 후이족의 기원이 서아시아와 중앙아시아에서 온 상인 및 이슬람교도와 한인의 혼혈 집단이기 때문에 매우 이른 시기부터 신장 등 중국 서부 지역에 후이족이 살고 있었다고 할 수 있으며, 실제로 현재도 서북 지역은 중국 후이족의 집중 거주지다. 다만 후이족이 신장 북부 지역으로 이주하게 된 것은 한족과 마찬가지로 일리에 주둔한 녹영부대에 많은 후이족이 포함되었기 때문인 것으로 보인다.

그리고 이들이 신장 북부 지역으로 이주하게 된 또 다른 이유는 1860년대 신장을 포함한 중국 서북부를 뒤흔든 이른바 '회민'의 반란 때문으로 볼 수 있다. 주지하듯이 아편 전쟁(1840~1842)의 결과 청나라의 국력은 점점 쇠퇴

해 갔으며, 특히 변강 지배체제가 심각하게 흔들리기 시작했다. 그 후 1862년 봄 스촨四川에서 산시로 진격하려고 한 태평천국군太平天國軍에 대비하기 위하여 동원된 회민 단련團練(민간 무장조직)과 한인 단련이 충돌한 사건을 계기로 위수渭水분지 전역에서 한인과 회민들은 서로가 서로를 죽이는 살륙에 휘말렸다. 평온을 유지하고 있던 회민에 대하여 세회洗回라고 칭하는 학살사건이 여기저기서 발생하고, 반대로 회민 측에서는 의도적으로 학살이 자행될 것이라는 소문을 퍼뜨려 먼저 봉기하는 경우도 있었다. 회민 반란은 이듬해 간쑤, 그 다음해는 신장까지 파급되었다. 이 과정에서 이슬람의 통치를 표방한 야쿱 벡 정권이 수립되고, 1940년대 알타이 지구, 일리, 타르바가타이 등지에서 연이어 혁명운동이 발생하고, 동투르키스탄공화국이 건설되는 과정에 회민들이 참여하면서 많은 회민이 신장 북부 지역으로 이주했다. 이때 일부 회민 부대가 러시아령으로 달아났는데, 현재 카자흐스탄과 키르기스스탄 일부 지역에 거주하는 소수민족 둥간東干[18]이 바로 이들의 후손이다.

따라서 현재 알타이 지구의 후이족은 기본적으로 혼란의 시기에 북쪽 변경으로 이주하거나 쫓겨난 사람들의 후손 또는 청의 신장 지배 이후 녹영부대 또는 둔전군으로 차출된 사람들의 후손이 주류를 이루고 있다고 할 수 있다.

---

18 중국 간쑤성과 신장위구르자치구(특히 톈산북로) 등지에 거주하는 한어(漢語)를 말하는 이슬람교도로, 퉁간 또는 회민이라고도 한다. 둥간은 본래 자칭이 아니고 18, 19세기 동투르키스탄에 거주하던 튀르크계 무슬림과 러시아인, 유럽인들이 붙여준 타칭이다. 같은 지역에 사는 위구르인들이 전회(纏回)라고 불리는 데 반해, 이들은 한회(漢回)라고 불린다.

위구르족과 몽골계 민족의 이주

몽골고원에 강력한 유목국가를 건설하고 흥기한 위구르제국은 9세기 중엽 연이어 발생한 자연재해와 그로 인한 예하 유목민들의 동요와 내부분열이 심화되면서 점점 약체화되어 갔다. 이때 북방 예니세이강 상류에 살던 키르기스의 공격을 받고 위구르 국가는 순식간에 붕괴되어 버렸다. 이에 위구르 유목민들은 혼란하고 피폐된 몽골고원을 떠나 중국 북부와 허시河西 지방, 톈산 방면 등 각지로 무리를 지어 집단 이주했다. 서쪽으로 이주한 집단이 비슈발릭北庭과 고창高昌에 근거를 둔 국가를 건설하는데, 이것이 유명한 톈산위구르왕국이다. 위구르왕국은 1209년 몽골제국에 복속될 때까지 그 강역이 북방의 알타이산맥의 초원 외에, 타림분지에서 파미르고원에 이르고 동쪽으로는 둔황까지 그 영향을 미쳤다. 이처럼 서쪽으로의 이주 과정 또는 신장에 정착한 이후 일부 위구르인들이 알타이 지구로 이주했을 가능성이 있지만 이를 알려주는 구체적인 자료는 찾기 어렵다.

청 초기까지만 해도 위구르족의 주요 거주지는 신장 남부, 즉 타림분지였지만, 차츰 하미哈密, 투루판吐魯番 등으로 퍼져나갔다. 특히 청 중기에 중가르제국이 신장을 지배하면서 타림분지 오아시스 거주 위구르인들을 일리강 상류로 강제 이주시켜 둔전을 개간하게 했는데, 이들이 이른바 타란치塔蘭奇라고 불리는 신장 북부로 이주한 최초의 위구르인들이다. 청이 중가르제국을 멸망시키고 신장 전역을 지배한 후 1767년에 악수阿克蘇의 위구르인 300호를 일리로 이주시켜 일리강 북쪽 연안에 둔전을 개간하게 하고, 그 후로도 청 정부는 야르칸드, 호탄, 하미, 투루판 등지에 거주하던 위구르 농민을 일리강 북쪽으로 이주시켜 둔전 개발에 종사하게 했다. 그 결과 1768년경 위구르 농민이 6,383호에 달할 만큼 일리 지구는 위구르족의 취거지로 변모했다. 따라서 자료상으로 확인은 어렵지만 현재 알타이 지구에 거주하는 위구르인들은 이처럼 인접한 일리 지구로 강제 이주된 사람들의 후손으로 추정해볼 수 있을 것이다.

몽골족이 언제부터 현재의 알타이 지구에 살게 되었는지를 자료로 확인하는 것은 쉽지 않다. 현재 몽골국 서부에 살던 유목민들이 먼저 좋은 물과 풀을 찾아 서쪽으로 이주한 경우를 생각해 볼 수 있겠다. 또한 13세기 초기 칭기스 칸이 셋째 아들 오고타이에게 알타이 지구를 분봉해 준 후 이곳은 대원大元 또는 차가타이한국의 지배를 받았는데, 이처럼 알타이 지구가 몽골 칸들의 영지 또는 지배영역이 되면서 많든 적든 이곳에 몽골인들이 이주해왔을 것으로 추측해볼 수 있다.

현재의 알타이 지구와 그 주변에 거주하고 있는 몽골인들은 북방 예니세이강에서 바이칼호에 이르는 지역에 거주했던 삼림민森林民으로, 흔히 오이라드Oirad라고 불리는 사람들의 후손이 주류를 이룬다. 오이라드는 1208년 칭기스 칸에게 복속한 후 13세기 내내 칭기스 칸 일족과 혼인관계를 맺은 명문 가문으로 이름을 떨쳤다. 후대에 오이라드는 서몽골의 알타이 및 이르티슈강과 일리강 유역으로 팽창하고, 1368년 대원 멸망 후에는 동몽골의 쿠빌라이 후손들과 몽골고원의 패권을 놓고 다투기도 했다. 북방에서 이주한 오이라드는 중가르, 토르고드, 호쇼드, 두르부드 등 4개의 집단으로 이루어져 있었다. 17세기 초기에는 이 가운데서 중가르가 흥기하여 일리강 유역을 장악하고 타림분지를 지배하에 넣었으며, 키르기스와 카자흐족에게도 공세를 취하는 대제국으로 발전했다.

이 과정에서 오이라드 4부의 하나인 토르고드가 중가르의 압박을 피하여 멀리 볼가강 하류 유역으로 이주하여 1628년 러시아의 지배하에 들어갔다. 그 후 19세기 중엽 청조가 티베트와 중가르제국을 잇달아 제압하자 토르고드는 1771년에 대거 청에 투항해 왔다. 이들 토르고드가 현재 신장위구르자치구 타청塔城 지구 관할하의 호복사이르몽골자치현和布克賽爾蒙古自治縣에 거주하는 몽골족이다. 여기에 청의 중가르 정복과정에서 청나라에 항복하고 열하熱河로 강제 이주되었다가 옛 땅으로 복귀한 중가르(한문자료의 額魯特 또는 厄魯特) 그리고 1762년과 1763년 두 번에 걸쳐 장자커우張家口에서 신장으로 강제 이주된 차하르察哈爾 몽골인들이 신장(주로 북부) 지역의 여러 몽골족자치주나 자치현에 거주하고 있다. 그리고 이들의 후손의 일부가 현재 알타이 지구에 거주한다고 보면 될 것이다.

둥샹족은 몽골족과 깊은 관련이 있는 민족이다. 학자들은 몽골인들이 중앙아시아의 튀르크계 민족과 접촉하는 과정에서 13세기에 수니파 이슬람교로 개종하고 하나의 민족으로서 독자적인 정체성이 생겨난 것으로 추정하고 있다. 또 다른 주장에 따르면, 그들을 칭기스 칸이 중앙아시아를 원정할 때 하주河州 일대에 주둔한 몽골군의 자손 또는 몽골족, 한족, 티베트족의 혼혈 민족으로 추정하는 견해가 있다. 현재 둥샹족은 주로 간쑤성과 칭하이성에 거주하고 있으며, 극히 일부가 알타이 지구를 비롯한 신장성에 살고 있다. 중국 전역의 둥샹족 인구는 62만 1,500명이고(2010년 통계), 신장에 5만 5,841명(2000년 통계) 정도가 살고 있다. 둥샹족이 알타이 지구에 들어와 살기 시작한 것은 사실상 현대의 일이라고 봐야 한다. 즉 1950년대 후반 간쑤성에 거주하던 둥샹인들이 생활이 어려워지면서 신장으로 이주를 시작했고, 1960년대 초기와 중기에 대규모 이주가 이루어지고, 그 후 점차 줄어들긴 했지만 1970년대 말까지 이주 행렬이 이어졌다. 이들이 주로 신장 북부의 일리 지역에 집단 거주했기 때문에 현재 알타이 지구의 둥샹인들은 이들의 후손일 가능성이 있다.

| 그 외 민족의 이주

비록 소수이지만 현재 알타이 지구에는 타타르塔塔爾,[19] 러시아俄羅斯, 우즈베크烏孜別克, 키르기스柯爾克孜 등 여러 민족이 거주하고 있다. 제정러시아 시기 러시아 공민들이 정확히 언제부터 알타이 지구에 들어와 살기 시작했는지를 알려주는 자료는 찾기 어렵다. 러시아가 시베리아와 중앙아시아로 진출한 이후부터 러시아인들이 오늘날 중국 서북부, 즉 일리 지역으로도 진출했다고 보아야 한다. 또한 19세기에 들어와 러시아 내의 토지겸병이 격화되면서 일부 파산한 농민들이 신장으로 이주했다는 자료도 있다. 특히 후이족의 반란과 야쿱 벡 정권의 수립 등 신장 정세가 혼란에 빠진 상황에서 러시아가 일리를 점령했는데(1871), 이때 러시아인들이 대규모로 이주하여 군사적 성격의 개간을 시행하고 적지 않은 사람들이 신장에 정착했다.

이와 더불어 1881년 러-청 간의 일리조약 체결로 러시아 공민은 신장에서 면세의 특권을 부여받았다. 그 결과 신장과 러시아 간의 무역이 급속히 발전하고, 20세기 초기 신장에 체류하는 러시아 국적의 인구는 1만 명을 넘어서게 되었다. 그들은 대부분 타타르인과 우즈베크인으로 주로 일리를 위시한 신장 북부에 거주했으며,[20] 러시아혁명 전후와 옛 소련의 농업 집단화 이후 그리고 제2차 세계대전 발발 후에도 수많은 러시아인들이 신장으로 이주하여 타르바가타이, 알타이, 일리, 우루무치 등 주로 신장 북부 지역에 거주

---

19 타타르족(塔塔爾族)은 제정러시아 시기 러시아 영내의 튀르크계 사람들을 통칭하여 부르던 포괄적인 민족 명칭이다. 현재 중국에 거주하는 타타르족의 조상은 대부분 신장에 정착한 볼가 타타르족 상인들의 후손으로 신장 지역 북부에 집중 거주한다. 관련 자료에 따르면 신장 전역에 4,883명(2010년 통계) 정도의 타타르인들이 거주하고 있다.

20 고마츠 히사오 외 씀, 이평래 옮김(2005), 앞의 책, 347쪽.

했다. 얼마나 정확한 통계인지는 모르겠지만 1945년 신장에는 약 7만여 명의 러시아인이 살고 있었다고 한다.[21] 그러나 1950년대 전후, 특히 '중소우호동맹' 체결과 그 후 중-소 관계의 영향 등으로 1949~1953년 사이 러시아인들이 대대적으로 신장을 떠난 적이 있다. 따라서 현재 알타이 지구에 살고 있는 타타르인, 러시아인, 우즈베크인들은 상기한 여러 시기에 걸쳐 신장 북부로 진출하여 고향으로 돌아가지 않고 남아 있는 사람들의 후손으로 보아도 큰 문제가 없을 것이다.

또한 알타이 지구에는 튀르크계의 살라르족撒拉族이 살고 있다. 살라르족은 14세기 사마르칸트 지역에 있다가 중국으로 이주하여 티베트족, 한족, 후이족과 통혼한 오구즈 튀르크어 사용자의 후손이다. 이들은 현재 칭하이성, 간쑤성, 신장성 등지에 거주하고 있는데, 신장성의 경우 일리카자흐자치주의 이닝伊寧에 집단 거주하고 있다. 2000년 인구통계에 의하면, 현재 중국 전역의 살라르족 인구는 10만 4,503명이고, 이 가운데 극소수가 알타이 지구에 거주하고 있다.

만주족, 솔론족索倫族, 시버족, 다고르족達呼爾族 등이 알타이 지구를 포함한 신장 지역으로 이주하게 된 사연도 흥미롭다. 시작은 청나라의 신장 정복으로 거슬러 올라간다. 먼저 1696년 대중가르 원정 시 청군이 여러 차례 신장에 진입한 적이 있는데, 이때 처음으로 만주인들이 신장으로 이주했다고 볼 수 있다. 또한 1755~1758년에 걸쳐 청조가 중가르제국을 완전히 제압할 때에도 적지 않은 만주인들이 신장으로 향했다. 그리고 앞에서 언급한 대로, 1759년 신장이 청조의 강역으로 편입된 후 신장 통치를 담당한 사람은 일리

---

21 George Ginsburgs(1983), *The Citizenship Law of the USSR*, Hague: Martinus Nijhoff Publishers, p.309.

장군이었는데, 당시 일리 장군 예하에는 녹영과 아울러 만군滿軍이 따로 있어 신장의 만주족 인구증가에 기여했다. 흥미로운 것은 이때 청조는 펑톈奉天과 헤이룽강黑龍江 등 멀리 만주지역으로부터 솔론족, 시버족, 다고르족 등을 신장으로 강제 이주시켰다는 점이다.

예컨대 1764년(청 건륭 29년) 청나라 정부는 일리 지역의 수비강화를 목적으로 시버족 병사와 그 가족들을 신장으로 이주시켰는데, 현재 신장 거주 시버족은 그들의 후손이다. 이들은 그해 4월 10일과 19일 두 차례에 걸쳐 현재의 선양瀋陽을 출발하여 몽골 서부 올리아스타이에서 그해 겨울을 보내고 이듬해 7월 20일과 22일 현재 거주지에 도착했다. 특별한 경우를 예외로 한다면 현재 알타이 지구에 살고 있는 만주족과 시버족은 그들의 후손일 것이다.[22]

---

22 김주원·권재일·고동호·김윤신·전순환(2006), 『사라져가는 알타이언어를 찾아서』, 태학사, 80~81쪽.

2

신장 알타이의 종교

이유진(연세대학교 인문학연구원 연구원)

고비 사막에서 서시베리아까지 무려 2,000여 km에 걸쳐 펼쳐진 알타이산맥 지역, '황금의 산'이라는 의미를 지닌 이곳은 그 옛날 스키타이·튀르크·몽골 등의 유목문명이 눈부시게 펼쳐졌던 곳이다. 오늘날 이 지역은 몽골·중국·카자흐스탄·러시아 네 나라에 걸쳐 있다. 여기서 살펴보고자 하는 것은 중국 신장에 속한 알타이 지역, 즉 '신장 알타이' 지역의 종교다.

신장 알타이는 '신장'과 '알타이'의 교집합에 해당하는 지역 개념이다. 신장이라는 범주와 알타이라는 범주를 동시에 고려해야만 이 지역의 종교를 보다 잘 이해할 수 있을 것이다. 이를 위해서 필자는 신장에서 종교가 어떻게 변천되어 왔는지 개략적으로 살펴보고자 한다. 또한 알타이 지역 민족들의 공통된 신앙의 원천인 샤머니즘이 이 지역에서 어떤 양상을 보이는지도 아울러 살펴보고자 한다.

선사시대 신장 알타이의 종교

청동기시대 무덤이 말해주는 사실

3300년 전의 바지, 그 주인공은 기마유목민 전사

선사시대 사람들은 어떻게 살았을까? 이에 관한 중요한 정보는 선사시대의 유물을 통해 얻을 수 있는데 무덤이야말로 그 주요 원천일 것이다. 무덤의 양식, 무덤 안의 부장품, 무덤 주인공의 복식 등은 그 시대의 살아 있는 증거이기 때문이다.

신장 양하이洋海 고묘에서 발굴된 '바지'는 기마유목민과 이 지역의 관련성을 확실히 말해준다. 탄소동위원소연대 측정 결과 이 바지는 지금으로부터

그림 1 신장 양하이 고묘에서 발굴된 3300년 전의 바지(『광명일보』, 2014. 6. 6.)

무려 3300년 전의 것이다. 동물의 털을 방직해서 만든 바지가 어떻게 그 오랜 세월 동안 보존될 수 있었을까? 이는 다름 아닌 신장의 건조한 기후 덕분이다. 그래서 보존상태가 양호한 미라가 상당히 많이 발굴되는 곳이 바로 신장이기도 하다. 바지를 입고 있던 미라는 40세 전후의 남자인데, 무덤 안에는 채찍과 목제 말재갈, 전투용 도끼와 활이 부장품으로 함께 묻혀 있었다. 남자의 신분은 유라시아 스텝 대초원을 누비던 기마유목민의 전사로 추측된다. 이 무덤의 발굴은 유목민이 말을 타는 데 편하도록 만든 것이 바지의 유래라는 견해를 지지해주기도 한다. 초원 위에서 말 달리던 유목 전사, 그의 물질세계 못지않게 정신세계가 자못 궁금하다. 그가 믿었던 종교는 과연 어떤 것이었을까?

샤먼의 악기와 대마와 청동방울

양하이 고묘는 청동기시대 무덤군으로, 이미 발굴한 무덤이 500여 기이고 아직 발굴하지 않은 무덤이 1,000여 기에 달한다. 이 가운데 당시의 종교를 엿

볼 수 있는 대표적인 무덤이 90호와 21호 묘다.

90호 묘는 큰 규모의 무덤 안에 나무그릇, 말재갈, 활과 화살, 화살통 등 부장품이 시신 주위에 가득했다. 부장품 중에서 무덤 주인의 신분을 알려줄 뿐만 아니라 그 당시 종교에 관한 정보를 담고 있는 두 가지가 있다. 하나는 호양胡楊을 깎아서 만든, 공후箜篌처럼 생긴 현악기다. 다른 하나는 가죽끈과 식물줄기를 촘촘히 엮어 만든 자루 안에 담긴 식물인데, 바스러진 상태긴 하지만 녹색을 띠고 있을 정도로 잘 보존되어 있었다. 흥미롭게도 무덤 안에 나무절구가 있고 그 안에도 역시 동일한 식물이 잘게 갈린 상태로 담겨 있었다. 절구는 바닥이 얇아질 정도로 오랜 세월 사용한 흔적이 있었다. 이로써 볼 때 자루와 절구에 담긴 식물은 무덤 주인과 밀접한 관계가 있음이 분명한데, 연구결과 이 식물의 정체는 바로 2800여 년 전의 대마大麻로 밝혀졌다. 현악기와 대마, 그렇다면 무덤의 주인은 악기를 연주하는 악사였을까, 혹은 병을 고치는 의사였을까? 명확한 답을 얻기 위해서는 단서가 더 필요하다.

21호 묘는 이 질문에 대한 확실한 단서를 준다. 90호 묘의 시신 상태는 좋지 않은 반면, 21호 묘의 시신은 매우 잘 보존된 미라다. 무덤 주인은 양가죽 모자를 쓰고 이마에는 긴 띠를 둘렀는데, 띠에는 바닷조개 껍데기가 장식되어 있다. 또한 마노와 녹송석을 꿴 목걸이를 목에 두르고 지팡이와 도끼를 쥐고 있으며, 다리에는 청동방울 세트가 묶여 있다.

90호 묘의 악기와 대마 그리고 21호 묘의 청동방울, 이를 종합하면 무덤의 두 주인은 '샤먼'이었음이 분명하다. 90호 묘의 현악기는 복잡한 선율을 표현하도록 만들어지지 않았기 때문에 단순한 리듬 효과만 낼 수 있다. 리듬의 단순함이 정신을 몰입하게 만들어주는 것이다. 이 현악기를 샤먼의 주요 무구巫具인 북과 같은 맥락에서 이해한다면, 샤먼이 현악기의 리듬에 따라 점점 엑스터시 상태에 빠져드는 모습을 상상할 수 있을 것이다. 청동방울 소리

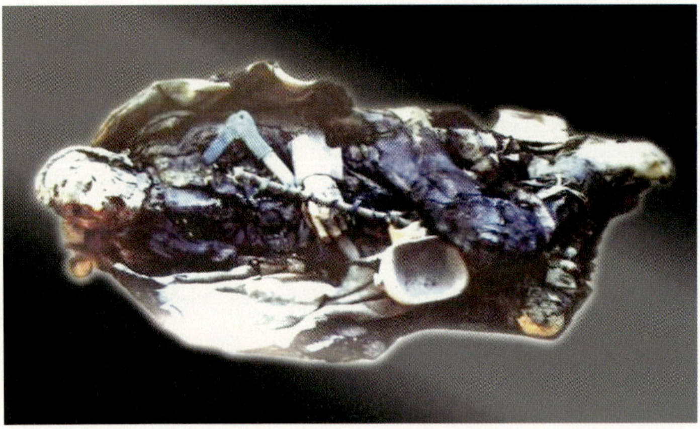

「그림 2 양하이 묘군 21호 묘의 샤먼(다큐멘터리 「양하이 고묘」)

가 함께 울리는 가운데 엑스터시에 빠진 샤먼은 초자연적 존재와 접촉하면서 예언을 하고 병을 고치고 죽은 이의 영혼을 인도한다. 샤먼이 엑스터시에 빠져드는 데 있어서 환각기능을 하는 대마는 음악만큼이나 중요한 역할을 했다. 또한 대마는 마취기능을 지니고 있기 때문에 샤먼이 병자를 치료할 때도 유용했을 것이다. 양하이 묘군에서 발굴된 시신의 두개골 중에는 구멍이 뚫린 것이 꽤 있는데, 이는 병을 치료하기 위한 천공술의 흔적이라고 한다. 그런가 하면 이 구멍이 사후에 뚫렸다고 보기도 하는데, 이는 영혼이 몸에서 떠나갈 수 있도록 하기 위한 조치였을 것이다. 그렇다면 두개골의 구멍은 영혼이 불멸한다고 믿었던 샤머니즘의 반영이라 볼 수도 있고, 무의巫醫로서 샤먼의 역할을 반영하는 것이라고 볼 수도 있다.

수천 년 전부터 다양한 인종과 문화가 교류한 곳

양하이 고묘가 조성된 시기는 대략 기원전 1000년부터 기원후 200년에 해당한다. 그리고 무덤에 묻힌 이들의 인종은 '코카서스'가 주축이고 '몽골로이드'

도 상당하고 양자의 혼합도 존재한다. 이들이 남긴 청동기문화는 남시베리아 일대에서 전개된 안드로노보 청동기문화와 관련이 있다. 양하이 고묘의 코카서스 인종은 인도유럽어계 언어를 사용했으며 멀리 남시베리아에서 알타이 산맥을 지나 신장의 투루판분지까지 왔을 것으로 추정한다.

청동기시대 초기 신장 지역에서는 인종뿐 아니라 문화 역시 다양했음을 양하이 고묘의 유물을 통해 알 수 있다. 발굴된 도기 중에는 '서양지치'의 씨앗을 박아서 장식한 것이 있는데, 서양지치는 유럽에서 유래한 것이다. 그리고 도기에 그려진 동물 문양의 양식은 아시리아 문화의 영향을 받은 것일 뿐만 아니라 북방 초원지대의 것과도 일맥상통한다. 또한 양하이 고묘의 청동기문화는 안드로노보 청동기문화는 물론 그보다 후기의 스키타이 청동기문화와도 연결된다. 중앙유라시아 초원지대에서 활약한 기마유목민인 스키타이를 통해 청동기문화의 전파뿐 아니라 인종의 혼합까지 이루어졌음은, 미토콘드리아 DNA 분석과 같은 최근 연구성과에 의해 밝혀진 바 있다. 신장 지역 청동기시대에 나타나는, 코카서스와 몽골리안의 인종적 혼합은 어느 한쪽의 일방적 이동에 의한 것이라기보다는 유라시아 초원길을 통한 인종과 문화교류의 확대에 의한 결과로 보아야 할 것이다.

알타이산맥을 중심으로 동쪽과 서쪽에 광활하게 펼쳐진 초원지대, 기마유목민이 가축과 함께 이동하면서 유목생활을 영위했던 곳, 바로 그곳의 일부인 신장 알타이는 아주 이른 시기부터 동서 문화가 끊임없이 교류하고 융합한 장이었다. 그리고 그 중추적 역할은 다름 아닌 유라시아 초원지대를 횡단하는 초원길이 담당했음이 분명하다.

사슴 숭배와 사슴돌

알타이는 고대 유목문명의 요람이자 북방 유목민족의 중요 발상지였다. 특히 동서 교류의 구심점이자 동서 문화가 모여드는 곳이었던 신장 알타이에는 문화의 다양성이 존재하는 동시에 모종의 알타이문화 '공통'의 요소도 존재한다. 그 공통 문화요소 가운데 하나가 바로 '사슴 숭배'다.

북쪽으로는 시베리아와 북극해, 동쪽으로는 싱안링興安嶺, 서쪽으로는 중아시아에 이르는 드넓은 곳에서 사슴 숭배 흔적이 발견된다. 이는 신화·전설에 담겨 있고 암각화로도 남아 있으며 사슴돌로도 남아 있다. 방금 언급한 지역의 초원에 세워진 돌기둥에는 사슴이 가장 많이 새겨져 있기 때문에 그 돌기둥을 사슴돌이라고 부른다. 청동기시대 말에서 철기시대 초의 유산으로 알려져 있는 사슴돌은, 아러타이阿勒泰·푸윈富蘊·칭허靑河 등 신장 여러 곳에서 발견된다.

사슴돌에 새겨진 사슴 도안에서 두드러지는 특징은 거대한 사슴의 뿔과 새처럼 가늘고 긴 주둥이다. 이러한 도안 형태는 신장의 암각화에서도 찾아볼 수 있다. 그리고 앞에서 소개했던 양하이 고묘의 도기에 그려진 사슴 도안도 이와 비슷한 특징을 지니고 있다. 사슴과 새의 결합은 이 도안이 사슴을 단순히 사실적으로 묘사한 것이 아님을 말해준다.

사슴돌에 대해서는 여러 견해가 있는데, 토템기둥으로 보는 이도 있고 우주산·우주목으로 보는 이도 있고 남근을 상징한다고 보는 이도 있다. 확실한 것은 사슴돌이 샤머니즘과 관계가 있다는 사실이다. 사슴은 알타이어족 샤먼의 중요한 표지이기도 한데, 특히 시베리아 샤먼의 복장은 사슴, 새와 밀접한 관련이 있다. 새의 모티프가 담긴 샤먼의 옷, 사슴뿔로 장식한 샤먼의 모자는 사슴돌의 '사슴-새' 문양을 연상시킨다. 새와 사슴은 모두 샤먼의 보조령이

기도 하다. 또한 비파형(칼손잡이형) 청동기에 사슴이 표현된 것 역시 시베리아 샤머니즘과 관련이 있다.

이상의 모든 것을 종합해 보면, 사슴돌의 사슴은 하늘(신)과 땅(인간)을 잇는 통천通天의 기능을 지닌 존재라 하겠다. 그렇다면 사슴돌은 우주의 중심축으로서 하늘과 땅을 연결해주는 우주산 혹은 우주목을 상징하는 게 아닐까. '선녀와 나무꾼'이라는 우리 설화에서 선녀가 아이들을 데리고 하늘로 가버린 뒤 나무꾼이 사슴의 도움으로 하늘에 올라갈 수 있었다는 이야기는 바로 사슴돌의 사슴이 지닌 상징과 연결되어 있지 않겠는가.

그림 3 푸원에서 출토된 사슴돌(신장위구르 박물관 소장)

『유양잡조酉陽雜俎』와 『태평광기太平廣記』에는 돌궐突厥의 선조인 '사마射摩'가 바다여신과 날마다 만난 이야기가 나오는데, 해질 무렵이면 바다여신이 흰 사슴을 보내 사마를 바다로 맞이하고 날이 밝으면 다시 바다 밖으로 배웅하게 했다고 한다. 이렇게 수십 년이 지나고 부락의 큰 사냥행사가 있기 전날 밤 바다여신이 사마에게 건넨 말이 매우 흥미롭다.

> 내일 사냥 때 그대의 조상이 태어난 굴에서 황금 뿔이 난 흰 사슴이 나올 텐데 당신이 활을 쏘아 그 사슴을 맞히면 앞으로도 나와 만날 수 있지만 맞히지 못하면 우리의 인연은 끝이 난다.

돌궐의 '조상'이 태어난 '굴', 그리고 거기서 나오는 '황금' '뿔'의 '흰' '사슴' 등 고대 돌궐인의 신앙과 관련된 여러 모티프를 이 말에서 엿볼 수 있다. 이 이야기는 사슴이 매개자의 역할을 넘어서 토템 조상일 가능성도 시사한다.

돌궐뿐 아니라 다른 알타이어족 민족들에게서도 자신의 기원을 사슴과 연관 지은 사례를 찾아볼 수 있다. 흉노匈奴의 후예로 알려진 철륵鐵勒의 여러 부락 가운데 '복골僕骨'은 사슴을 의미하는 돌궐어 '부구Bugu'를 음역한 것이다. 회골回鶻(고대 위구르인)의 신화적 시조인 '부구 칸'은 바로 '사슴 칸'이라는 의미다. 또 키르기스족의 부구 부락은 사슴 부락을 의미한다. 키르기스족의 부구 부락에 관한 전설에서는, 부락의 마지막 생존자인 남자아이와 여자아이가 절벽에서 죽임을 당할 뻔한 상황에서 사슴이 그들을 구해주고 젖을 먹여 키워준 덕분에 부구 부락이 생겨났다고 한다. 동물이 시조를 구해주고, 그 시조에 의해 새로운 공동체가 건립되고, 시조를 구해준 동물로 공동체의 이름을 명명하는 것은 고대 토템신앙과 관련된 것이다. 그렇다면 그 옛날 초원을 누비던 유목민에게 드넓은 초원 위의 사슴돌은 하늘과 땅을 연결해주는 우주산·우주목인 동시에 토템기둥이었다고 하겠다.

생식 숭배와 암각화

비바람을 맞으면서도 아주 오랜 세월을 이겨내며 지워지지 않고 살아남아 오늘날 우리가 볼 수 있는 까마득한 옛날의 그림, 그것은 바로 바위에 새겨진 '암각화'다. 우리가 중요하게 여기는 것을 문자로 기록하듯 그 옛날 사람들 역시 자신에게 중요한 것을 그림으로 새겼다. 고대인의 삶에서 종교는 현대인과 비교할 수 없을 정도로 중요했던 만큼, 암각화는 고대인의 종교적 심성을 고스란히 전해준다.

중국 경내에서는 내몽골·닝샤寧夏·간쑤甘肅·칭하이青海·신장 등 북쪽과 서북쪽 지역에 특히 암각화가 많은데, 신장은 이 가운데서도 암각화가 가장 풍부한 곳이다. 신장 최북부에 위치한 알타이산의 동쪽 가장자리는 몽골과 접해 있고 서쪽은 러시아와 접해 있는데, 빽빽한 삼림과 드넓은 산세를 지닌 이 일대에 바로 고대 암각화가 풍부히 분포해 있다. 일반적으로 암각화 아래로는 제의를 행할 수 있는 넓은 터가 있다. 이는 암각화가 단순히 그림을 남기기 위해서가 아니라 제의와 관련하여 제작된 것임을 말해준다. 암각화를 남긴 이들은 자신들의 염원을 담아 암각화 아래에서 종교 의례를 행했을 것이다.

신장의 아러타이·부얼진布爾津·하바허哈巴河·푸윈·위민裕民·칭허·푸하이福海·지무나이吉木乃 경내에 있는 알타이산맥 계열의 암각화 가운데 90% 이상이 동물의 형상을 반영하고 있으며, 이 가운데 절대다수는 야생동물이다. 그리고 사람의 형상은 대부분 수렵이나 생식과 관련되어 나타나고 있다. 이는 고대에 이 지역에서 살았던 이들의 삶을 보여주는 생생한 자료다. 사냥의 성공과 종족의 번식, 이것이야말로 그들의 가장 큰 염원이자 관심사였다. 다음에서는 신장 알타이의 암각화에서 가장 두드러지는 '생식 숭배'와 관련하여 두 곳의 암각화를 소개하기로 한다.

위민 바얼다쿠얼巴爾達庫爾 암각화에는 교합 중인 남성의 생식기가 과장되게 묘사되어 있는데, 키(53cm)의 무려 3분의 1 정도에 해당하는 크기로 생식기(16cm)가 표현되어 있다. 이는 남성 생식기가 그들에게 숭배 대상으로서 초자연적인 작용을 하는 것으로 여겨졌음을 말해준다. 생식기의 과장된 묘사는 생식기에 대한 그들의 주술적이고 종교적인 내면의 시각을 표현한 것이라 하겠다. 이 암각화에 새겨진 여러 소 역시 생식 숭배를 나타낸다. 생식기가 튀어나온 소와 그 아래 활을 지닌 남자의 조합에는, 유감주술을 통해 소의 생식력을 획득하길 바라는 염원이 담겨 있다. 발기한 소와 그 아래 여자의 조합은,

그림 4 바얼다쿠얼 암각화(天山網, 2007. 4. 23.)

숭배 대상과의 결합을 통해 수태 능력을 강화하고자 하는 염원의 표현일 것이다. 고대 이집트에서는 실제로 소와의 성교가 이루어지기도 했는데, 짐승을 신의 화신으로 믿었기에 짐승과의 교합을 성스러운 행위로 여겼던 것이다. 이 암각화의 가장 아래쪽에는 암소가 있는데, 암소는 동서고금을 막론하고 풍요와 다산의 상징이다.

후투비呼圖壁 캉자스먼쯔康家石門子 암각화는 세계적으로도 보기 드문 큰 규모의 암각화인데, 그야말로 원시 카니발의 한 장면을 보여준다. 화면의 인물들은 남녀를 막론하고 모두 황홀경에 빠진 채 춤을 추고 있는데, 남성의 생식기가 도드라지게 표현되어 있으며 일부 남녀는 교합하고 있다. 제일 위쪽에는 여자들이 춤을 추고 있는데 키가 무려 2m에 달한다. 아래쪽에는 발기한 남자들 그리고 교합 중인 남녀가 있다. 교합 중인 이 남녀 밑으로 아주 작

그림 5 캉자스먼쯔 암각화(中國網, 2012. 9. 6.)

그림 6 많은 자손을 의미하는 작은 사람들(Courtesy of Jeannine Davis-Kimball, csen.org)

은 사람들이 줄지어 무리를 이루고 있는데, 이들은 많은 자손을 의미한다. 이는 종족 번식의 바람을 생동적으로 표현한 것이다. 지금으로부터 3000년 전의 캉자스먼쯔 암각화는 생식 숭배로 표현된, 그들의 종교적 세계관의 일면을 보여준다. 덧붙이자면, 이 암각화의 인물은 모두 길쭉한 몸매에 깊은 눈매와 높은 코를 지니고 있다. 또 하나 흥미로운 점은 암각화에 그려진 여자들 머리에 삐죽한 선이 2개 그려져 있는데, 앞서 소개한 양하이 고묘에서 발굴된 여성의 머리 장식물과 매우 흡사하다는 것이다. 아마 기원전 10세기 유라시아 대초원을 누비던 기마유목민이 바로 이 암각화를 남겼을 것이고, 그렇다면 이 암각화가 보여주는 생식 숭배는 기마유목민이 신봉했던 샤머니즘의 일환일 것이다.

신장 지역 종교의 변천사

신장 지역 종교의 변천과정

아주 먼 옛날 신장에서는 많은 종족과 부락이 번성하며 서로 왕래했다. 인도유럽어족에 속하는 사카塞種·토하라吐火羅·소그드粟特, 중국티베트어족에 속하는 강羌·한漢·토번吐蕃, 알타이어족에 속하는 오손烏孫·월지月氏·흉노匈奴·강거康居·정령丁零·오게烏揭·유연柔然·철륵·에프탈嚈噠·돌궐·회골·거란契丹·몽골蒙古·힐알사黠戛斯(고대 키르기스인), 이들이 바로 고대에 신장을 배경으로 삶을 영위한 주인공들이다. 이후 오랜 시간 변천하면서 오늘날의 위구르족·한족·카자흐족·후이족回族·몽골족·키르기스족 등의 민족이 신장에 거주하게 되었다.

신장을 배경으로 삶을 영위한 여러 민족이 믿었던 종교 역시 매우 다양하다. 자연종교인 샤머니즘은 초기의 대표적 신앙이었고, 이후 인위종교인 불교·기독교·이슬람교가 수용되었다. 세계의 모든 종교를 아울러서 보자면, 다수전통에 속하는 불교·기독교·이슬람교, 소수전통에 속하는 도교·조로아스터교, 사라진 종교인 마니교 등이 신장에 일찍이 유입되어 자취를 남겼으며, 일부는 지금도 여전히 종교로 기능하고 있다. 이제 그 역사적 흐름을 간략히 알아보기로 한다.

그림 7 **만년설로 덮인 톈산** '하늘 산'을 의미하는 톈산을 위구르어로는 '텡그리탁(Tengri-Tag)'이라고 한다.

어느 지역 어느 민족에게서나 마찬가지로, 최초의 종교는 원시종교(미개 종교가 아니다!)였다. 경전은 없고 신화와 제의가 종교의 중심이었으며, 주술이 매우 중요한 역할을 했다. 해·달·별·바람·비·우레·산·물·대지·동식물 등의 자연이 신앙의 대상이었으며, 특히 동물의 경우 토템신앙과 연결되었고, 이는 더 나아가 조상 숭배로 이어졌다. 이러한 자연·토템 ·조상 숭배와 맥을 함께하는 샤머니즘은 신장의 고대 민족들이 보편적으로 믿었던 원시종교다. 샤머니즘의 텡그리(하늘) 신앙과 만물유령 관념과 샤먼의 존재가 장기간 그들의 삶을 지배했다. 이상과 관련된 상황은 여러 유물과 문헌과 구비전승을 통해 알 수 있는데, 앞에서 살펴본 출토물과 사슴돌과 암각화 역시 이러한 원시종교를 증언해준다.

세계사적으로 보면, 기원전 10세기 이후 인류의 정신문명이 코페르니쿠스적 전환을 맞게 되는 소위 '축의 시대'가 도래한다. 독일의 철학자 칼 야스퍼스가 제시한 문명사적 개념인 '축의 시대'는 동서양을 막론하고 모든 인류가 정신의 기원으로 인정할 수 있는, 인류 공통의 기축이 되는 시기다. 하늘을 올려다보며 자연의 힘을 경배하던 인간이 이제 시선을 안으로 돌려 자아를 발견하고 내면의 신을 탐구하기 시작한 시기인 것이다. 물질문명의 성장에 따른 생산력의 증대는 격렬한 경쟁과 갈등과 투쟁을 낳았고, 여기서 비롯된 극심한 고통 속에서 인간은 구원의 길을 찾아내고자 했던 것이다.

그 결과 종교학자 카렌 암스트롱Karan Armstrong이 『축의 시대』에서 지적했듯이, 놀랍게도 기원전 900년부터 기원전 200년 사이에 중국·인도·서아시아·그리스 지역에서 문화적 평행현상이 나타났다. 인도에서는 우파니샤드·자이나교·싯다르타가 나왔고, 이스라엘에서는 엘리아·예레미야·이사야가 나왔으며, 그리스에서는 소포클레스·소크라테스·플라톤이 등장했다. 그리고 중국에서는 노자·공자·묵자가 출현했다. 세계적 종교와 철학이 모두 이 시기에 탄생한 것이다. 그렇다면 세계의 여러 곳에서 탄생한 종교가 신장에서는 어떤 양상으로 전개되었을까?

신장은 유라시아 초원의 스텝루트였을 뿐만 아니라 소위 '실크로드'의 핵심 지역이기도 했다. 동서 문명교류의 길이 모두 신장에 걸쳐 있었던 만큼 여러 종교가 자연스럽게 신장으로 전해졌다. 신장의 종교 역사를 아주 대략적으로 개괄하자면, 기원 전후를 시작으로 해서 불교가 중심이었던 시기가 1000여 년 지속되었고, 이후 불교와 이슬람교 위주의 시기가 600여 년 지속되었으며, 그 뒤로 지금까지는 이슬람교가 신장의 주류 종교라고 할 수 있다.

신장에 가장 먼저 전해진 외래종교는 페르시아의 종교인 조로아스터교다. 아후라 마즈다를 최고신으로 숭배하는 조로아스터교는 불을 숭배하는 종교라는 의미의 배화교拜火敎라고도 불린다. 조로아스터교가 신장에 들어온 시기는 관련 기록이 없기 때문에 확실하진 않지만, 톈산天山 북쪽의 우루무치烏魯木齊와 이리伊犁에서 나온 출토물을 통해 볼 때 기원전 5세기에서 기원후 1세기 사이에 실크로드 톈산 북로를 통해 전해졌을 것이다.

이후 기원전 70~기원전 80년에 전해진 불교가 샤머니즘과 조로아스터교를 대신해 1000여 년 동안 신장의 주요 종교로 자리잡게 된다. 타림분지 남쪽의 호탄于闐과 쿠처龜玆에서 먼저 불교를 받아들인 이래로 호탄·쿠처·고창高昌을 대표로 하는 신장의 불교문화가 형성되었다. 또한 신장 각지로 불교가 전파되면서 톈산 북부 유목민의 사상에도 영향을 주었다. 한편 4~5세기 무렵 한족을 통해 신장에 전파된 도교는 불교의 내용을 흡수하고 불교와 융합했는데, 이것이 신장 도교의 특징이다.

6세기 후반에서 7세기 초에 두 외래종교가 신장에 전해졌는데, 바로 기독교와 마니교다. 신장에 전해진 기독교는 경교景教, 즉 네스토리우스교다. 왜 네스토리우스교였을까? 이를 알려면 431년의 에페소공의회까지 거슬러 올라가야 한다. 당시 콘스탄티노플 대주교였던 네스토리우스는 마리아를 '테오토코스(하나님을 낳은 어머니)'라 하는 것은 잘못이며 '그리스도토코스(그리스도를 낳은 어머니)'라고 해야 한다고 주장했다. 인간 마리아가 신의 어머니가 될 수 없다는 것이었다. 하지만 그의 주장은 완전한 신인 동시에 인간인 예수의 신격과 인격을 분리하는 것으로 오해 받아 결국 이단으로 몰렸다. 네스토리우스는 주교에서 파면되고 유배되었다. 하지만 그를 지지하던 이들이 페르시아에 독자적인 교회를 세웠고, 이후 동쪽으로 전파되었던 것이다.

당의 수도 장안長安에 세워진 '대진경교유행중국비大秦景教流行中國碑'의 기록에 따르면, 네스토리우스교는 635년에 당에 전해졌다. 그런데 투루판 고창 유적지에서 발견된 네스토리우스교 문헌 가운데 일부가 6세기 중엽의 것

그림 8 베제클리크 석굴 벽화에 묘사된 네스토리우스교의 '종려주일'(7~8세기)

이라는 사실을 감안한다면, 신장에는 '대진경교유행중국비'의 기록보다 훨씬 이전에 네스토리우스교가 전파되었음을 알 수 있다. 그 전파의 주인공은 당시 실크로드에서 가장 두드러지게 활약하던 소그드 상인이다. 네스토리우스교 이전에 신장에 들어온 조로아스터교 역시 소그드 상인을 통해 신장에 들어왔다. 투루판에서 출토된 네스토리우스교 관련 문헌에 시리아·소그드·페르시아·위구르 등의 언어가 사용된 것으로 보아 여러 민족이 네스토리우스교를 믿었으며, 특히 실크로드 상업문화권에서 네스토리우스교 신도가 많았음을 알 수 있다.

마니교 역시 소그드 상인에 의해 신장으로 전파되었다. 늦어도 7세기 초에는 신장 북부에 소그드 상인의 거주지가 형성되었는데, 이와 더불어서 마

그림 9 당삼채에 표현된 소그드인

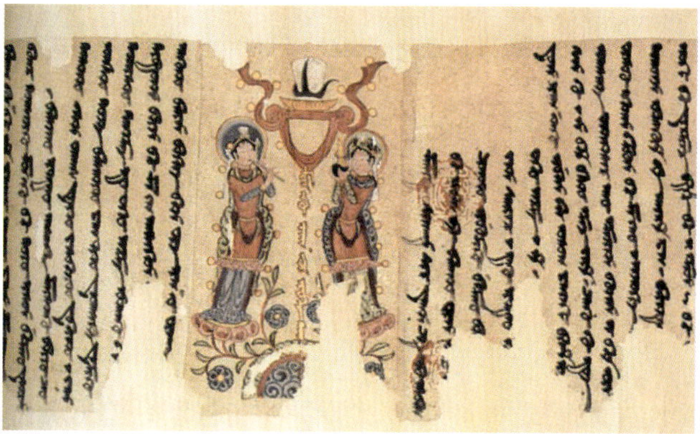

그림 10 베제클리크 석굴에서 출토된, 소그드어로 적힌 마니교 경전 필사본

니교도 전해진 것이다. 마니교 전파 초기에는 그 영향력이 주로 소그드 상인 거주지에만 한정되어 있었다. 그러다 9세기 중엽 이후 고창위구르국에서 그 세력을 떨치게 된다. 이는 고창위구르국의 진신前身인, 몽골고원의 위구르제국(744~840)의 국교가 바로 마니교였던 데 그 원인이 있다. 그런데 위구르제국에 마니교가 전파된 경로는 당을 통해서다. 당 현종玄宗 말기에 일어난 '안녹산安祿山의 난'을 진압하기 위해 당은 위구르제국에게 도움을 청했다. 이때 군대를 이끌고 낙양洛陽으로 들어왔던 모우牟羽 칸이 마니교 사제 4명을 만났고, 그들을 위구르제국으로 데려 간 것을 계기로 마니교가 전파되어 이후 위구르제국의 국교로 선포되기에 이른다. 위구르제국이 붕괴된 이후, 몽골고원에서 서쪽 신장으로 이주한 집단이 세운 나라가 바로 고창위구르국이다.

신장의 고창으로 이주한 위구르인들은 여전히 마니교를 국교로 신봉하면서 마니교 석굴사원을 조성하고 마니교 교의를 선양하는 벽화를 남겼다. 그런데 이후 그들이 불교로 개종한 뒤에는 마니교 석굴 역시 불교 석굴로 개조되었고, 석굴에 있던 원래의 마니교 벽화에는 석회가 발라지는 대신 불교 벽

그림 11 베제클리크 석굴 벽화에 묘사된 마니교의 생명수(http://dsr.nii.ac.jp)

화가 그 자리를 차지했다. 석회에 가려져 있던 원래 벽화의 모습이 세월이 지나면서 드러나기도 하는데, 베제클리크 석굴 제38호굴의 벽화가 그 예다. 벽화에 표현된, 열매가 무수히 달린 나무는 광명의 세계에서 자라는 생명수를 상징하는데 이는 세계를 빛(선)과 어둠(악)의 근본적 대립으로 파악했던 마니교의 종교관을 반영한 것이다. 위구르족은 불교로 개종하면서 마니교 사상을 불교로 끌어들이기도 했고 마니교의 신명神名으로 불교 신들의 명칭을 대체하기도 했다. 이미 인도와 중앙아시아에서 불교의 영향을 받아 불교적 요소를 흡수했던 마니교가 신장에 들어와서 불교와 또다시 긴밀한 영향을 주고받았던 것이다.

이상에서 살펴본 조로아스터교·불교·네스토리우스교·마니교는 10세기 초에 이슬람교가 신장에 전해지면서 완전히 새로운 국면으로 접어들게 된다. 무려 1000여 년 동안 신장 종교의 중심이었던 불교마저 점점 그 자리를 내줘야 할 만큼 이슬람교는 계속해서 세력을 확장해나갔다. 10~11세기에 카라한조에 의해 이슬람교의 확산이 이루어지기 시작했고, 14~15세기에는 동차카타이 티무르 칸의 주도하에 이슬람교가 비약적으로 확산되었으며, 16세기에 접어들어서는 이슬람교가 불교를 밀어내고 신장 지역의 제일가는 종교로 확고한 지위를 굳혔다. 다음에서는 이슬람교가 신장의 핵심 종교가 되기까지의 600년에 대해 잠시 살펴보자.

신장의 튀르크화와 이슬람화

오늘날 신장에는 중국의 56개 민족 가운데 지눠족基諾族을 제외한 나머지 모든 민족이 살고 있다. 이처럼 다양한 민족이 이슬람교·도교·불교·기독교·천주교·동방정교 등 다양한 종교를 믿고 있다. 하지만 약 2,200만 명이 살고 있는 신장의 민족별 인구수와 그에 따른 종교를 분석해 보면, 튀르크계 민족과 이슬람교가 압도적이다. 10만 명 이상인 민족은 위구르족, 한족, 카자흐족, 후이족, 키르기스족, 몽골족 순이다. 이 가운데 한족을 제외하고 보자면, 라마교를 믿는 몽골족 외의 위구르족·카자흐족·후이족·키르기스족은 모두 이슬람교를 믿는다. 또한 한족과 후이족을 제외한 위구르족·카자흐족·키르기스족·몽골족은 알타이어족에 속한다. 이 가운데 몽골족을 제외한 위구르족·카자흐족·키르기스족은 튀르크계다. 조금 번잡하지만 이런 설명을 부연한 이유는 '이슬람교를 믿는 튀르크계 민족'이라는 신장의 정체성 형성에 대한 역사를 말하기 위해서다. 즉 신장의 튀르크화와 이슬람화에 관한 이야기다.

9세기 중엽, 위구르제국이 키르기스에게 멸망당하면서 위구르인은 몽골고원을 떠나 여러 곳으로 이동하게 된다. 이때 상당수가 신장으로 들어왔고 그들이 세운 나라가 고창위구르국이다. 이 무렵 고창위구르국 서쪽에서는 여러 부족의 연합체인 카라한조가 세워졌다. 카라한조의 여러 주체 중에는 위구르제국의 멸망 후 몽골고원에서 이동해온 위구르인도 상당수였지만, 그 이전에 이미 돌궐제국의 붕괴로 인해 신장으로 들어와 거주하고 있던 기타 튀르크계 부족도 있었다. 위구르제국 이전 몽골고원의 주인이었던 돌궐제국의 붕괴와 그에 따른 민족 대이동은 신장뿐 아니라 중앙유라시아의 튀르크화에 결정적인 계기가 되었다. 애초에는 인도유럽어를 사용하던 이들이, 이주해온 튀르크계 민족의 영향을 받아 종족적·언어적으로 튀르크화되었던 것이다.

튀르크화가 동쪽에서 서쪽으로 진행된 반면 이슬람화는 서쪽에서 비롯되었다. 카라한조가 이란계 이슬람 국가인 사만조의 영향으로 이슬람교를 받아들인 것이 신장 이슬람화의 결정적 계기였던 것이다. 카라한조에서는 사투크 부그라 칸Satuq Bughra Khan이 이슬람교로 개종한 것을 시작으로 이슬람교가 비약적으로 전파되었다. 사투크가 죽은 지 5년 뒤인 960년에 이슬람교는 카라한조의 국교로 선포되었다. 신장 지역 최초의 튀르크계 이슬람 왕조인 카라한조는 공격적으로 이슬람교를 확장시켜 나갔다. 불교를 믿던 호탄을 끊임없이 공격한 카라한조는 대략 1005년경에 호탄을 자신의 통치하에 두게 된다. 이로 인해 신장에서 처음 불교를 받아들였고 이란계 언어를 사용하던 호탄 역시 이슬람화·튀르크화될 수밖에 없었다. 한편 호탄이 이슬람화되었던 시기에 고창위구르국에서는 여전히 불교가 성행했다. 이슬람교를 믿는 카라한조와 불교를 믿는 고창위구르국이 병립하면서, 신장 북부는 불교가 지배하고 남부는 이슬람교가 지배하는 상황이 수백 년간 지속되었다.

14세기 중엽은 이슬람교가 비약적으로 확장된 시기로, 신장 북부 지역에서도 많은 이들이 이슬람교로 개종하게 된다. 동차카타이의 투글루크 티무르 칸이 톈산 이북의 몽골인을 강제로 개종시킨 것이다. 모든 종교를 평등하게

그림 12 신장 이슬람교도의 기도 시간을 나타내는 모스크의 시계

대하라는 칭기스 칸의 권고에 따라 어느 종교에나 관용적이었던 몽골의 다른 칸들과 달리, 티무르는 이슬람교로의 개종을 거부하는 이들을 가차 없이 죽였다. 그는 이슬람교의 '지하드(성전聖戰)' 개념을 전쟁의 명분으로 동원했는데, 1000여 년의 불교문화의 전통을 지닌 쿠처 역시 그에 의해 강압적으로 이슬람화되었다. 티무르의 후손 역시 이슬람교 확장에 열을 올렸고, 결국 고창위구르국까지 이슬람화되기에 이른다. 이로 인해 불교는 큰 타격을 입었지만 끈질기게 이슬람교와 병존했다. 이슬람교가 신장에서 불교를 완전히 밀어내고 이슬람화를 완성한 것은 16세기에 이르러서다. 이처럼 신장의 이슬람화에는 600여 년이라는 긴 세월이 담겨 있다.

| 신장 알타이 유목민족의 늑대 숭배와 샤머니즘

알타이어족 튀르크계 유목민족의 늑대 숭배

그림 13 부구트비에 새겨진 늑대와 어린아이 (文匯報, 2015. 3. 6.)

신장의 튀르크화는 돌궐제국의 붕괴에 따른 민족 대이동과 밀접한 관련이 있다. 돌궐의 기원에 관해서는 흉노의 별종이라거나 색국索國·정령·선비·철륵의 후예라는 등 여러 설이 있지만 확실한 것은 없다. 고대 돌궐인은 과연 자신들의 기원에 대해 어떻게 생각하고 있었을까? 몽골 체체를렉박물관의 석비로부터 그 단서를 찾아보자. 2.45m 높이의 이 석비(부구트비)는 582년에 세워진 것인데, 돌궐제국의 왕족이었던 마한 테긴Mahan Tegin의 기념비다. 이 비의 머리 부분에 늑대가 어린아이에게 젖을 빨리고 있는 모습이 새겨져 있다. 『주서周書』「돌궐전」에는 부구트비에 새겨진 장면과 밀접한 관련이 있는 이야기가 실려 있는데, 개략적인 내용은 다음과 같다.

> 이웃나라에 의해 부족이 모두 절멸되고 10살 사내아이 혼자만 발이 잘린 채 풀밭에 버려진다. 늑대가 그 아이에게 고기를 먹여주며 보살폈고, 사내아이는 장성한 뒤 늑대와 교합해 늑대가 임신하게 된다. 적국의 왕은

그가 살아 있다는 것을 알고 사람을 보내 죽였다. 늑대 역시 죽임을 당할 위기에 몰리자 고창국의 서북쪽에 있는 산으로 도망쳐 동굴에서 숨어 지내며 10명의 아들을 낳는다. 그들이 자라서 결혼하여 자손을 낳고 각자 하나의 성씨를 이루게 되는데, 그중 하나가 아사나阿史那다.

여기까지는 전설적인 이야기고, 뒤에는 아사나씨의 자손이 번성하면서 여러 세대가 지난 뒤 동굴에서 나와 금산金山(알타이산) 남쪽에 살면서 여여茹茹(유연)의 철공으로 일했다는 역사성 짙은 이야기가 이어진다. 그리고 돌궐突厥의 명칭에 대한 유래도 소개되어 있는데, "금산은 형태가 두무兜鍪(투구)와 비슷한데 그곳 사람들은 두무를 '돌궐'이라고 했다"고 한다.

아사나씨는 중앙아시아 동부와 몽골고원 서부 및 알타이산맥에서 활약했다. 역시 알타이산맥 남쪽을 기반으로 유목생활을 했던, 고대 돌궐 부락인 나이만부乃蠻部의 기원 전설도 아사나씨 전설과 거의 비슷하다. 그런데 늑대 토템신앙을 보여주는 이야기에서 늑대가 반드시 암늑대인 것만은 아니다. 몽골고원 북쪽에서 지내다가 5세기 말에 알타이산맥 서쪽에 나라를 세운 고차高車(훗날 돌궐의 전신 가운데 하나)는, 『위서魏書』「고차전」에 의하면, 흉노 선우의 딸이 늑대에게 시집가서 생겨난 후손이라고 한다.

이밖에 몽골인에게도 늑대 토템신앙이 있었다. 푸른 늑대 버르테 치노와 하얀 암사슴 코아이 마랄이 만나 몽골인을 낳았다는 『몽골비사蒙古秘史』의 이야기, 푸른 늑대와 흰 사슴을 해쳐서는 안 된다는 『몽골원류蒙古源流』의 기록, 몽골족의 영웅 장가르가 황야에 버려졌을 때 늑대가 젖을 먹여주었다는 전설 등은 몽골족의 늑대 토템신앙을 말해준다. 알타이산맥 초원지대를 중심으로 삶의 범위가 유사했기 때문에 알타이어족에 속하는 튀르크계 민족과 몽골족이 이처럼 늑대 토템신앙을 공유했던 것이다.

특히 튀르크계 민족에게 늑대는 용맹의 상징이다. 카자흐족의 영웅 자니벡 Janybek Khan(?~1480)은 카자흐 칸국의 기초를 닦은 인물인데, 그가 용맹한 이유는 젊은 시절 황야에서 잠들었을 때 늑대가 그의 가슴을 뛰어넘어가 늑대의 신력을 얻은 덕분이라고 한다. 튀르크계 민족의 전설적 시조인 오구즈 칸에게는, 푸른 갈기의 늑대가 나타나서 그의 군대를 이끌며 전쟁에서 승리하도록 했다는 이야기가 전해진다. 아마 그의 군대는 '아사나씨'처럼 늑대가 그려진 깃발을 앞세우고 전투에 임했을 것이다. 『수서隋書』와 『북사北史』의 기록에 따르면, 늑대의 후손인 아사나씨는 근본을 잊지 않음을 나타내기 위해서 낭두독狼頭纛, 즉 늑대의 머리가 그려진 커다란 깃발을 군영에 세웠다고 한다. 아사나는 돌궐 지배층의 성씨로 '푸른 늑대의 눈'을 의미한다.

고대의 오손·돌궐·고차·철륵·회골·힐알사, 그리고 후대의 위구르족·카자흐족·키르기스족 등 튀르크계 민족의 늑대 숭배는 오랜 세월 끊이지 않고 이어졌다. 문헌을 살펴보면, 일찍이 사마천司馬遷의 『사기史記』에 오손의 우두머리인 '곤막昆莫'이 태어나자마자 들에 버려졌는데 늑대의 젖을 먹고 살아남은 이야기가 기록되어 있다. 그로부터 2100여 년이 지난 오늘날, 늑대는 여전히 그 후손들의 삶 속에서 그들을 지켜주는 신성한 존재다. 위구르족과 카자흐족은 늑대의 이빨과 뼈를 호신부로 삼아 몸에 지니고 다니며, 사악한 것을 쫓아내고자 갓난아이의 요람에 그것을 걸어두기도 한다. 키르기스족은 늑대의 뼈를 지니고 있으면 건망증을 피하거나 치료할 수 있고 행운을 가져다준다고 믿는다. 위구르족 임산부는 늑대 가죽 위에서 분만하는데, 그렇게 하면 아이가 용감하게 자란다고 한다. 또한 키르기스족은 갓 태어난 아기를, 박제한 늑대의 입에 넣었다 꺼내는데 여기에는 아이가 평생 늑대처럼 건강하고 용감하길 바라는 염원이 담겨 있다. 카자흐족은 가축을 잃어버렸을 때 늑대의 힘줄을 불로 태우는데, 이렇게 하면 도둑의 사지에 경련을 일으킬

수 있다고 여긴다. 또한 카자흐족은 늑대를 신령하게 여기기 때문에 피휘避諱의 의미로 늑대를 늑대라 하지 않고 '잇쿠스iytkus'라고 하는데, 이는 '개-새狗鳥'를 의미한다. 이상과 같이 수천 년 전 고대로부터 이어져온 늑대 숭배는 튀르크계 민족의 정체성의 일부로 앞으로도 그들과 함께할 것이다.

사라지지 않는 샤머니즘 전통

11세기 이후 신장 샤머니즘에 관한 기록

일찍이 흉노·유연·돌궐·회골·몽골 등 알타이 지역 초원에서 활동한 유목 민족은 하늘을 섬겼으며, 점복과 예언과 주술과 치병治病을 담당한 샤먼이 그들 사회에서 상당한 영향력을 지니고 있었다. 이 지역 사람들이 가장 먼저 믿고 가장 오래 믿은 종교는 샤머니즘이다. 튀르크어와 몽골어에서 '하늘'의 의미를 지닌 '텡그리'는 샤머니즘에서 가장 중요한 믿음의 대상이다. 튀르크계 민족과 몽골족은 불교·기독교·마니교·이슬람교 등을 받아들이면서도 텡그리 신앙을 보존했고 신과 인간의 매개자인 샤먼 역시 그들 사회에서 사라지지 않았다.

11세기에 편찬된 『튀르크어대사전』에는, 여름에 불이 났는데 샤먼이 무술로 눈이 내리게 해서 불을 진압한 일을 소개하고 있다. 『튀르크어대사전』에서는 이 일을 두고 '위대한 텡그리의 허락'을 얻은 덕분이라고 말한다. 튀르크 시가의 형태로 만들어진, 군주를 위한 도덕 지침서 『복락지혜福樂智慧(쿠타드구 빌릭)』(1069)에도 샤먼과 샤머니즘의 존재가 명확히 언급되어 있다. 『복락지혜』가 나온 11세기 중엽은 위구르족이 대규모로 서쪽으로 이동한 지 이미 200여 년이 지난 시점으로, 카라한조 경내에 있던 위구르인은 대부분 이슬람교를 믿고 있었다. 하지만 그때도 샤먼과 샤머니즘은 존재했다. 의사는 약물을 사용해 작은 병을 치료하지만 캄喀木, Qam은 귀혼鬼魂이 들러붙어 생기는 병을 주술로 치료한다는 『복락지혜』의 기록은 11세기 위구르족 사회 샤먼의 존재를 말해준다. 위구르족의 고대 서사시 『오구즈 칸의 전설』(13~14세기경에 편찬된 것으로 추정)에는 다음과 같이 샤머니즘 의식이 묘사되어 있다.

> 오구즈 칸이 커다란 장막 안에 앉아 계시네.
> 커다란 장막 오른쪽에 40발庹(두 팔을 벌린 길이) 길이의 나무 장대를
> 세우고,
> 장대 꼭대기엔 금계金鷄 한 마리 걸고,
> 장대 아래엔 흰 양 한 마리 매달아 놓는다네.
> 왼쪽에도 40발 길이의 나무 장대를 세우고,
> 장대 꼭대기엔 은계銀鷄 한 마리 걸고,
> 장대 아래엔 검은 양 한 마리 매달아 놓는다네.

이후 샤머니즘은 점차 이슬람교와 결합한다. 18세기 청 대 신장의 지방지인 『서역문견록西域聞見錄』의 다음 기록에서 알 수 있듯이, 이 시기 신장의 샤머니즘은 이슬람과 결합된 양상을 보여준다.

> 각 성의 동쪽에 높은 대를 만들어 놓고 신시申時(오후 3시~5시)가 끝날 무렵부터 유시酉時(오후 5시~7시) 초에 그 위에서 북을 연주하며 서쪽으로 들어가는 해를 전송한다. 마오라毛喇와 아훈阿渾이 서쪽을 향해 예배드리며 경을 외는데, 이를 나마즈納馬茲라고 한다. 나마즈는 해가 나올 때와 들어갈 때, 그리고 오고五鼓(새벽 3시~5시), 사시巳時(오전 9시~11시), 미시未時(오후 1시~3시) 등 하루에 다섯 차례 행해진다.

신장의 지리와 인문에 관한 정보가 풍부한 『서강잡술시西疆雜術詩』에서도 신장의 이슬람교도에 대해 묘사하길, 지극정성을 다해 태양을 공경하는데 태양이 동쪽에서 밝아올 때 토대에 서서 경을 외며 태양을 맞이하고 해질녘에는 그 위에서 북을 연주하며 해를 보내는 의례를 행한다고 했다. 『서역문견록』과 『서강잡술시』의 기록은 하루에 다섯 번 예배를 드리는 이슬람식 기도인 나마즈namaz(살랏Salat)를 묘사한 것인데, 높은 대 위에서 북을 연주하는 것은 정통 이슬람교에는 없는 내용이다. 또한 이슬람교의 살랏은 알라에 대한 경배인데 앞의 서술에서는 태양에 대한 경배가 두드러진다. 이는 신장 지역의 이슬람교에 샤머니즘이 녹아들어간 결과다. 『사기』의 「흉노열전」에서는 "(흉노의) 선우가 아침에 영營에서 나오면 떠오르는 태양에 절하고 저녁이면 달에게 절했다"고 했는데, 청 대의 여러 기록은 기나긴 역사의 소용돌이 속에서도 마모되지 않고 살아남은 샤머니즘의 일단을 보여준다.

샤먼 역시 역사의 흐름 속에서 점점 입지가 좁아지긴 했지만 여전히 사라지지 않고 존재해왔다. 샤머니즘이 주류 종교였을 때 샤먼은 부락의 중요한 정책 결정에 참여했을 뿐만 아니라 전쟁에도 함께 나가서 신에게 군대의 승리를 기원했다. 하지만 신장의 민족들이 이슬람교와 라마교를 믿으면서 샤먼은 이슬람교나 라마교의 외피를 걸쳐야만 생존할 수 있었다. 한편 이슬람교와 라마교는 신장에 전파되는 과정에서 샤머니즘의 강력한 저항에 부딪히기도 했다. 카자흐족의 경우 1320~1330년대 샤먼의 주도하에 이슬람교에 대항하는 무장투쟁이 일어나기도 했으며, 17세기 오이라트 몽골족은 라마교를 지지하는 통치자의 샤머니즘 탄압에 강력히 대항하기도 했다. 결국 샤머니즘은 쇠락했지만 위구르족·카자흐족·몽골족 민간에서 샤먼은 바커시巴克西·바허쓰巴合斯·구르툰古日屯 등으로 불리며, 오늘날에도 여전히 신과 소통하면서 점을 치고 귀신을 쫓고 병을 고쳐주는 샤먼 고유의 역할을 하고 있다.

과학으로 해결할 수 없는 미지의 영역이 존재하는 한, 인간의 힘이 닿지 않는 영역이 존재하는 한, 종교는 존재할 것이고 샤머니즘 역시 사라지지 않을 것이다. 샤먼의 자취는 오늘날 신장 북부 초원과 동부·남부 오아시스 지역에서 여전히 이어지고 있다.

이슬람교와 샤머니즘

이슬람교와 샤머니즘의 결합

신장 지역이 튀르크화된 후 대부분의 민족이 이슬람교를 믿게 되었다. 외래 종교인 이슬람교는 전파과정에서 본래 신장에서 살고 있던 민족의 전통 종교관 및 풍속과 융합되는 본토화 과정을 거쳤다. 이 과정에서 당연히 서로 다른 종교가 영향을 주고받았다. 이슬람교와 샤머니즘의 관계 역시 마찬가지다. 이슬람교는 샤머니즘을 배척하면서도 다른 한편으로는 샤머니즘을 흡수·융합했고, 이를 통해 그 지역 사람들에게 보다 쉽게 받아들여질 수 있었다.

이슬람교가 소위 성전을 통해 전파된 것은 사실이지만 꼭 그것만은 아니다. 이슬람 신비주의 교파인 수피파는 샤머니즘이나 불교를 믿고 있던 튀르크계 및 몽골 유목민에게 이슬람교를 전파하면서 마치 샤먼처럼 치유력을 보여주고 기적 같은 일들을 행했다. 이들을 통해 신장의 이슬람교에는 튀르크계 및 몽골 유목민의 샤머니즘적 요소가 섞여 들어가게 되었다. 수피파는 신장에서 수세기 동안 활동하면서 민간 고유의 신앙과 풍속을 수용했는데, 이슬람교는 알라 외의 그 어떤 것도 숭배하는 것을 금지하지만 수피파는 민간 고유의 숭배를 배척하지 않았다. 때문에 수피파가 전파된 곳에서는 전통 신앙과 종교적 풍속이 보존될 수 있었고 이것이 이슬람교와 융합하여 특유의 지역성과 민족성을 빚어냈다.

한편 샤머니즘 역시 주류 종교와의 융합을 통해 변화된 사회에 적응할 수 있었다. 이슬람교가 주류 종교가 된 이상 샤머니즘의 합리적 선택은 바로 이슬람교의 외재적 형식을 받아들여 그것과 융합하는 것이었다. 신장에서는 마오라毛拉, Mawla(이슬람교 인물에 대한 존칭)나 아홍阿訇, Imam(이슬람교 성직자)이라는 이슬람교 직함을 지닌 이들이 '알라'의 이름으로 병을 고치고 귀신을 쫓고 기우 의례를 행한다. 이는 샤머니즘이 이슬람교의 외피를 걸침으로써 합법적 지위를 획득할 수 있었음을 보여준다. 아홍에 의한 치병 의례를 살펴보자면, 이슬람교 관례에 따라 의례 시작과 끝에서 이슬람교의 기도를 올리며 기도문과 주문 모두 코란경의 내용과 관련이 있다. 이슬람교는 순조로운 전파를 위해 샤머니즘의 일부를 흡수했고 샤머니즘은 살아남기 위해 이슬람교의 형식을 빌렸는데, 그 결과 샤먼과 마오라의 이중적 역할을 하는 존재가 나타났다. 이슬람교의 일부 마오라는 샤먼 바커시이기도 하며, 마오라가 이슬람교 교의와 관계없는 민간 종교활동에 참가하거나 그 활동을 주관하기도 한다. 그런가 하면 기우 의례와 같은 샤머니즘 의례를 바커시가 주관하는 경우에도 코란경을 외고 기도 구절이 끝날 때마다 알라를 부른다.

지금도 신장 북부에서 행해지는 카자흐족의 '타싸터커塔薩特克'라는 기우 의례는 이슬람교와 샤머니즘의 결합을 보여주는 대표적인 예다. 아홍이 코란경을 나무틀에 걸어 놓고 그 아래에 서서 텡그리와 알라를 향해 기도하면서 비를 기원하는 기도문을 읊는다. 이후 사람들은 희생 제물을 나눠 먹으면서 텡그리와 알라를 향해 머리를 조아려 기도하며 비를 간구한다.

위구르족의 마자르 숭배

위구르족의 마자르Mazar(무덤) 숭배 역시 이슬람교와 샤머니즘의 결합을 보여주는 대표적인 예다. 마자르 숭배는 위인·성현의 무덤에서 행해지는 예배와 제사를 가리키는데, 위구르족의 조상 숭배와 자연 숭배가 이슬람 수피즘

그림 14 마자르 숭배에 보이는 샤머니즘의 흔적

의 성인 숭배와 결합되어 형성된 것이다. 신장 각지에는 '아무개 성인'의 마자르라고 칭해지는 크고 작은 무덤이 수없이 많은데, 이게 바로 숭배의 성지인 것이다. 위구르족은 집에 아픈 사람이 있거나 불행한 일이 생기면 부근의 이름난 마자르를 찾아가서 기도한다.

마자르는 소원을 빌면 반드시 응답해준다고 믿는 기도 장소이기에 생식 숭배, 생육 숭배, 여신 숭배와도 깊은 관계가 있다. 자식을 얻기 위해, 순산을 위해 마자르를 찾아온 이들은, 주위 나무에 천을 묶거나 요람을 걸거나 마자르의 신수를 끌어안거나 마자르 위에 곡물을 뿌리거나 마자르 근처의 샘에 동전을 던져 넣는 등 여러 방식으로 마자르의 성현을 향해 소원을 빈다. 생식·생육과 관련된 마자르의 주인공은 여성인데, 중요한 인물의 어머니거나 아내 혹은 여동생으로 전해지는 인물인 경우가 많다. 이밖에도 특정한 인물의 이름이 붙은 마자르가 아닌 경우, '아지아나阿吉阿娜(순례자의 어머니)' 마자르처럼 어머니를 뜻하는 '아나'라는 단어가 들어가기도 한다. 이는 고대 튀르크의 우마이Umai 여신 숭배와도 연관지을 수 있을 것이다. 땅을 관장하는 우마이 여신은 인간에게 생명과 다산과 풍요를 가져다주는 대모신大母神이다. 모권의 하락과 더불어서 위대한 권능이 축소되긴 했지만, 생육이라는 모성의 고유한 영역을 통해 사람들 마음에 늘 자리잡고 있는 여신의 존재를 어머니 마자르에서도 발견할 수 있다.

마자르 숭배에서 찾아볼 수 있는 샤머니즘의 흔적은 매우 다양하다. 마자르에 높은 기둥을 세우고 나뭇가지를 꽂고 소나 말의 꼬리를 걸고 깃발을 장식하고 영양의 뿔을 바치는데, 이는 일찍이 돌궐과 회골로부터 전해진, 하늘과 조상에 대한 제사 풍속과 관련되어 있다. 몽골 초원에서 유목생활을 하던 위구르족이 신장으로 이주한 후 정주 농경생활을 하고 이슬람화되면서 삶의 방식에 커다란 변화가 생기긴 했지만, 그 옛날 유목민족으로서의 오랜 신앙은 이렇게 이어지고 있는 것이다. 숭배를 받는 마자르 중에 백양나무 마자르, 뽕나무 마자르, 뱀 마자르 등 동식물의 이름으로 명명된 마자르가 많은데, 이 역시 고대의 자연 숭배와 관련되어 있다.

라마교와 샤머니즘

라마교의 승리와 샤머니즘의 변모

칭기스 칸 시대의 몽골인과 그들이 합병한 여러 튀르크 부락은 모두 샤머니즘을 믿었다. 하지만 몽골에 라마교가 전파되어 확고히 자리잡으면서 샤머니즘은 시베리아 삼림과 알타이산맥으로 후퇴했다. 그리고 몽골족 민간에서 살아남은 샤머니즘은 라마교화되었다.

라마교가 몽골에 전파되는 데 있어서 중요한 두 시기가 있는데, 바로 13세기와 17세기다. 13세기에 쿠빌라이 칸이 라마교를 숭상하면서 몽골의 왕실과 귀족에게 라마교가 받아들여지기 시작했지만 민간에까지 전파되지는 못했다. 이 시기에 라마교는 샤머니즘과 경쟁관계에 있었는데, 마르코 폴로에 따르면 쿠빌라이 궁정에서 라마교 승려들이 샤먼들과 무술巫術 경쟁을 벌였다고 한다. 왕실과 귀족이 라마교에 빠져들던 시기에도 일반 민중은 샤머니즘에 빠져 있었다. 그러다 14세기 후반, 원의 멸망과 더불어 라마교 역시 몽골의 역사무대에서 사라지고 샤머니즘이 다시 몽골족의 주요 신앙으로 자리잡았다. 이후 16세기 중엽에 라마교의 겔룩파가 몽골에 전해졌는데, 결정적으로 17세기 중엽에 구시 칸이 라마교의 겔룩파를 후원하면서 세력이 날로 증가했다. 이때의 라마교 전파는 샤머니즘에 치명적 타격이었다. 라마교에 대한 법적 인정과 보호를 철저히 보장하는 동시에 샤머니즘을 철저히 억압하는 조항이 담긴 『오이라트 법전』까지 제정되었다.

하지만 라마교의 전파가 결코 순조롭지만은 않았다. 몽골 통치자가 샤머니즘을 전면적으로 탄압했지만 오이라트 몽골족 민간에 뿌리내리고 있던 샤머니즘은 그에 강력히 대항했다. 샤먼이 모시던 옹곤翁袞(샤먼이 교류하는 신을 유형화한 것)이 라마의 명령에 의해 군중 앞에서 불태워지자 다시 옹곤을 만든 일, 티베트에서 들여온 불상을 샤먼이 만든 옹곤과 같은 사원에 모신 일 등은 그러한 대립을 반영한다.

라마교가 몽골족 전체의 신앙으로 자리잡은 것은 18세기가 되어서다. 오랜 세월의 투쟁 속에서 라마교와 샤머니즘은 결국 변모를 통해 각자의 자리를 찾아갔다. 라마교는 샤머니즘의 요소를 흡수함으로써 몽골화될 수 있었고, 샤머니즘에는 라마교의 요소가 전면적으로 녹아들었다. 신장 몽골족의 샤머니즘 의례에 사용되는 법기法器·경문·불상, 그리고 샤머니즘에 녹아들어간 윤회·극락세계·지옥 관념 등은 라마교의 영향을 보여주는 것이다.

오늘날 오보 제사에서 불조佛祖와 보살에게도 기도하는 모습 역시 샤머니즘과 라마교의 뒤섞임이라 하겠다. 7~8월에 오보에서 복을 기원하는 제사를 올리는 '오보제'의 대상은 주로 천지와 일월성신 그리고 동물이었다. 초기의

그림 15 신장 징허(精河)의 오보(http://hi.baidu.com)

오보 제사는 샤먼이 주관했으나, 16세기에 라마교가 오이라트 몽골 지역에 들어온 후루는 라마가 샤먼을 대신했으며 오보 제사에 라마교 요소가 많이 융합되었다. 오보를 쌓을 때면 라마가 점을 쳐서 땅을 고르고, 오보에 꽂아둔 말뚝에는 라마교의 육자잠언六字箴言, 즉 '옴마니반메훔唵嘛呢叭咪吽'이라고 적힌 깃발을 걸어놓는다. 희생물로 지내는 혈제血祭 역시 사라졌고 그 대신 우유나 젖술을 뿌리는 주제酒祭 혹은 나무를 태우는 화제火祭가 행해진다. 제사가 끝나면 몽골족 전통의 세 경기, 즉 활쏘기와 씨름과 말 경주가 행해지는데 이것이 바로 몽골족의 전통 축제인 '나담Naadam'이다.

신장 몽골족의 샤먼

신장 몽골족의 '구르툰'은 샤머니즘과 라마교의 결합을 잘 보여주는데, 일종의 라마화된 샤먼 혹은 샤먼화된 라마가 바로 구르툰이다. 구르툰은 세습으로 이어지기도 하고 신에게 선택받아 입문하기도 하는데, 주로 치병 의례를 행하며 그 과정에서 자신의 보호신과 각종 정령을 불러낸다. 한편 구르툰은 라마의 특징을 갖고 있기도 한데, 신분 자체가 라마의 인가를 받아야 하며 구르툰의 입문 의례 역시 라마가 주관한다. 라마교 경문을 외는 일이 구르툰의 중요한 업무이며, 그가 불러내는 보호신 중에는 라마교의 불조도 있다. 또한 라마교와 불조를 받들어야 하고, 라마교의 법기인 염주를 지닌다.

신장 몽골족에게는 구르툰 외에도 둬무키多木其, 비리커치比力克其 등 여러 유형의 샤먼이 존재한다. 둬무키 역시 치병 의례를 행하는데, 꿈에서 활불活佛이나 라마를 보고 둬무치가 되는 경우가 많다. 예언과 점술을 행하는 비리커치는 관상이나 수상手相을 보기도 하고 꿈을 통해 예언하기도 한다. 구르툰과 비리커치의 활동 속에서도 라마교의 영향을 찾아볼 수 있다. 구르툰의 경우에는 병을 치료하는 과정에서 라마교 경문을 외기도 한다. 또한 비리커치 가운데 어떤 이는 자신이 예언한 내용이 불조가 전해준 것이라고 하며, 점을 치기 전에 좋은 점괘를 기도하며 라마교 주문을 외기도 한다.

샤먼은 샤머니즘의 상징적 존재이기에 샤먼의 변화는 샤머니즘의 변화를 보여주는 것이기도 하다. 여러 유형의 샤먼이 생겨나게 된 것은, 샤머니즘이 쇠락하는 과정에서 샤먼의 직능이 분화되었기 때문이다. 이는 샤머니즘의 몰락을 의미하는 것이기도 하지만, 한편으로는 사회 변화에 따른 샤머니즘의 적응이라고 봐야 할 것이다. 신장 몽골족의 샤머니즘과 관련하여 또 하나의 특징은, 신장의 절대다수를 차지하는 튀르크계 민족들과 교류하면서 많은 영향을 받았다는 것이다. 대표적인 것이 점치는 방식의 변화인데, 몽골족 전통의 점복 방식은 골복骨卜이지만 신장의 몽골족에서는 골복이 드물게 사용된다. 대신 40알 혹은 41알의 양똥이나 돌멩이로 점을 치는데, 이는 위구르족·카자흐족·키르기스족 등에게서 유행하는 방식이다.

오늘날 샤머니즘의 유속

샤머니즘은 경전과 조직을 지닌 종교가 아니다. 오늘날의 샤머니즘은 점복·벽사·치병이라는 샤머니즘적 전통이 삶에 녹아들어간 일종의 '민간문화'로 바라보는 것이 보다 적절할 것이다. 많은 민속 가운데서 샤머니즘의 흔적을 찾아볼 수 있는 것도 바로 그 때문이다. 그럼 오늘날 신장의 여러 민족의 삶에 녹아들어가 있는 샤머니즘의 유속遺俗에는 어떤 것이 있을까?

불 숭배

"우리의 불 어머니, 주린 사람을 배부르게 해주시고 추운 사람을 따뜻하게 해주시네." 카자흐족 민간에 전해지는 이 노래는 불에 대한 그들의 애틋한 감정을 잘 보여준다. 지금도 유목생활을 하는 카자흐족에게 불은 매우 특별한 의미를 지닌다. 카자흐족은 겨울 목장에서 여름 목장으로 이동할 때, 양쪽에 모닥불을 피워 놓고 가축을 그 사이로 지나가게 한다. 이때 "아라스Alas, 우리에게 평안을 주시고 가축이 해를 입지 않게 해주소서, 아라스" 하고 기도하는데, 아라스는 '밤의 빛'이라는 의미다. 가축이 병들었을 때면 우리 사방에 모닥불을 피워 불의 힘으로 병을 쫓아내고자 한다.

카자흐족은 불이 가축뿐 아니라 신부와 아기도 지켜준다고 믿는다. 혼례의 배화拜火 의례에서, 신부는 유르트(유목민의 이동식 천막) 안의 화덕에 소기름 혹은 양기름을 부어 불이 활활 타오르게 한다. 이때 사람들은 모두 "불의 여신이여火娘娘, 기름의 여신이여油娘娘, 우리에게 복을 내려주소서"라고 축원한다. 아이가 태어났을 때에도 화덕에 기름을 붓는 의례를 행한다. 신부와 아이 모두 새로운 삶의 공간에 발을 들여놓은 존재이기에 앞으로 자신의 보호신이 되어줄 불의 가호를 비는 의미가 들어 있는 것이리라. 갓난아이의 침대를 불 가까이에 두는 것, 먼 곳에서 온 손님이 병자가 있는 곳을 방문할 경우 반드시 불을 타넘고 들어와야 하는 풍속 역시, 불이 나쁜 기운을 막아준다는 믿음과 관련 있다.

위구르족에게도 신부가 부뚜막에 기름을 붓는 혼인 의례 풍속이 있다. 또한 위구르족은 집에 병자가 있으면 낙타봉(페가눔 하르말라)에 기름을 부어 태우고 주문을 외면서 나쁜 기운을 쫓아내기도 한다. 그밖에 위구르족에게는 불과 관련된 금기가 많다. 예를 들면 불에 가래침을 뱉거나 오줌을 누어서는 안 되며, 칼이나 도끼 같은 것을 불에 닿게 해도 안 된다. 또한 불에 더러운 것을 집어넣어서도 안 된다. 이사할 때면 옛집에 있던 불을 새집으로 가져가서 피우는데, 옛집의 부뚜막은 새로운 주인이 사용하지 못하도록 부숴버린다. 오늘날 위구르족은 대부분 유목생활을 하지 않지만, 불과 관련된 여러 풍속은 그 옛날 유목생활의 반영이라 하겠다.

구냥주이와 주이구냥

카자흐족에게는 백조로부터 시조가 유래했다는 전설이 전해진다. 전쟁에서 큰 부상을 당해 생사의 기로에 있던 남자를 백조가 구해주고 후에 아름다운 여자로 변한 백조와 남자가 결혼하여 사내아이를 낳아 그 이름을 '카자흐kazak'라고 지었다는 이야기다. 카자흐는 바로 '흰ak 백조kaz'라는 의미다. 카자흐가 자라서 낳은 아들이 카자흐족의 시조가 되었다고 한다.

카자흐족은 아직도 백조를 숭배하는데, 백조를 신령하게 여겨 절대 죽이지 못하게 하며 백조가 날아가는 것을 보면 백조에게 안부를 묻는다. 만약 죽은 백조를 줍게 되면 액막이 용도로 집안에 걸어둔다. 백조의 깃을 어린아이의 가슴에 꽂아 두기도 하는데, 이는 액막이와 더불어서 행복을 기원하는 의미가 담긴 것이다. 또한 카자흐족 샤먼은 백조 깃털 옷을 입는다.

오늘날 카자흐족에게 전해지는 풍속 중에 '구냥주이姑娘追(구냥은 '아가씨',

그림 16 백조를 숭배하는 카자흐족의 전통놀이 '구냥주이'(http://www.kazakcnr.com)

주이는 '쫓는다'는 뜻)'가 있는데, 이와 관련된 전설 역시 백주와 관련이 있다. 백조가 아가씨로 변해 사냥꾼과 부부가 되었는데, 결혼하던 날 둘이서 새하얀 말을 타고 마치 백조처럼 날아다니며 서로를 뒤쫓았다고 한다. 이들이 바로 카자흐족의 시조가 되었다는 전설이다. 드넓은 초원에서 행해지는 '구냥주이'는 카자흐족의 경축일이나 집회가 있을 때 젊은 남녀가 참가하는 전통놀이인데, 카자흐족 젊은이들이 서로 호감을 표현하는 특별한 방식이다. 참가한 젊은 남녀는 우선 각자 쫓아갈 상대를 물색하는데, 일반적으로 따른 씨족 부락에서 상대를 고른다. 이후 지정된 지점까지 남녀가 나란히 말을 타고 가면서 남자가 여자에게 농담을 걸거나 희롱하기도 하는데, 이때 여자는 화를 내면 안 된다. 정해진 지점에 도착하면 남자가 즉시 말머리를 돌려 앞에서 달려가고 여자는 그 뒤를 바짝 쫓아간다. 이때 방금 전의 희롱에 대한 복수의 의미로 여자가 남자의 머리 위로 채찍을 휘두르거나 심지어 채찍으로 때리기도 하는데, 남자는 여기에 반항하면 안 된다. 구냥주이를 통해 남녀가 서로 알게 되고 애정이 싹터 짝으로 맺어지기도 한다.

키르기스족에게도 이와 유사한 '주이구냥追姑娘'이라는 전통놀이가 있다. 그런데 주이구냥은 구냥주이와 반대로, 정해진 지점에 도착하면 여자가 앞에서 달려가고 남자가 그 뒤를 쫓아간다. 최종적으로 남자가 여자를 따라잡으면 사람들 앞에서 여자를 안거나 어루만질 수 있는데, 사내대장부로 검증되었음을 의미하는 것이다. 만약 따라잡지 못하면 남자로서 망신일 뿐만 아니라 여자의 호감도 잃지만 대부분의 경우 남자가 승리한다.

호신용 도구

- **투마르** : 카자흐족은 투마르Tumar(호신부)를 몸에 차는데, 이는 마오라가 개인의 상황에 따라 만들어준다. 마오라가 종이 위에 적어주는 경문은 대부분 재앙을 없애고 평안을 지켜주는 내용인데, 개인의 특별한 바람이 담긴 내용을 적기도 한다. 투마르는 일반적으로 하얀 천을 꿰매서 삼각형 모양으로 만든 다음 경문이 적힌 종이를 그 안에 넣는 방식이다. 때로는 가죽으로 만들기도 하고 정사각형이나 직사각형으로 만들기도 한다. 키르기스족 역시 벽사 용도의 투마르를 찬다. 이러한 호신부 역시 샤머니즘과 이슬람이 결합한 산물이다.
- **칼** : 카자흐족은 갓난아이의 침대 머리맡 쪽에 칼을 두면 사악한 기운을 막고 아기가 놀라서 깨지 않는다고 믿는다. 또 신방을 비워두는 것은 불길한 것으로 간주하기 때문에 신혼부부가 외출할 때면 침대에 칼이나 도끼를 놔두는데, 이렇게 하면 신방을 지켜준다고 한다. 그리고 해질 무렵에 물을 길러 가는 여자는 칼을 지니고 가는데, 귀신이 들러붙는 것을 막을 수 있다고 여겨서다.

- **거울** : 카자흐족 여인들은 갓난아이가 귀신에 놀라 울지 않고 평안히 잠들도록 거울을 아기의 베개 아래에 놓아두고 일월신이 보호해주길 기도한다. 거울을 해와 달의 상징으로 삼은 것이다.
- **매의 발톱과 깃털** : 키르기스족의 토템 중에는 매도 있는데, 지금도 그들은 신생아의 요람과 옷깃에 매의 발톱과 매의 깃털을 달아놓는 풍속이 있다. 매가 사악한 것을 물리치는 신령한 힘을 지니고 있다고 믿기 때문이다.

기타

- **봄날의 첫 번째 우렛소리** : 봄날의 첫 번째 우렛소리를 들으면 유목민은 반가워한다. 카자흐족은 봄날 첫 번째 우렛소리를 들으면 천신이 은혜를 내려줄 길조로 여긴다. 그들은 유르트를 돌면서 우유를 뜨는 국자를 가지고 유르트를 두드리며 하늘에 기도한다. 키르기스족 역시 봄날 첫 번째 우렛소리를 들으면 여러 종류의 그릇을 두드리며 뛰면서 유르트 주위를 돈다. 이때 기도하길, "대지가 열려 풀이 무성해지고, 가축의 젖통이 열려 젖이 생겨나길!" 하고 말한다.
- **금분** : 신장 몽골족의 숭배대상인 '금분金盆'은 생식 숭배와 관련 있다. 여성의 생식기처럼 생긴 돌이나 바위굴 혹은 나무에 난 구멍을 '금분'이라고 하는데, 금분에 제사를 지내면 자식을 얻을 수 있다고 믿는다.
- **신령한 묘지** : 카자흐족은 무덤에 신령한 힘이 있다고 믿는다. 양에게 돌림병이 생기면 양의 무리를 묘지로 몰고 가서 밤을 새운다. 또 그들은 묘지의 흙을 성스러운 약처럼 간주한다. 임산부가 난산일 경우 묘지의 흙을 가져와서 물에 타서 마시게 하는데, 이렇게 하면 순조롭게 분만할 수 있다고 믿는다. 위장병을 앓는 사람 역시 묘지의 흙을 물에 타서 먹으면 약효가 있다고 믿는다.

종교의 의미

1254년의 몽케 칸과 루이 9세

여러 종교가 공존하는 데는 무엇보다도 종교에 대한 관용이 필요하다. 티무르 이전만 하더라도 몽골의 칸들은 관대한 종교정책을 펼쳤다. 13세기에 프란체스코회 수도승이었던 루브룩Lou Brock이 기독교를 선교하고 이슬람교에 대항하기 위한 동맹을 청하고자 몽골의 수도 카라코룸을 방문했을 때의 장면은 몽골의 종교적 관용을 잘 말해준다. 루브룩이 방문하던 1254년, 마침 오순절을 맞아 몽케 칸은 기독교·이슬람교·불교 성직자들에게 종교 토론을 시켰다. 이때 유일신을 믿는 기독교와 이슬람교의 성직자가 한편이 되어 불교에 맞서 토론을 벌였고, 유일신 옹호 분위기 속에서 토론이 끝났다. 이때 몽케 칸은 루브룩에게 이렇게 말했다.

> 우리 몽골인은 세상에 오직 한 분의 신이 계시고 그가 모든 인간의 운명을 주재하신다고 믿는다. 하지만 신은 인간의 손에 서로 다른 다섯 개의 손가락을 주셨듯이, 서로 다른 곳의 사람들이 서로 다른 신앙을 갖도록 허락하셨다.

몽케 칸이 말한 한 분의 신이란 몽골인의 천신인 '텡그리'다. 자신들은 텡그리를 믿지만 다른 이들의 종교에도 관대했던 종교정책 덕분에 몽골인·중국인·아랍인·유럽인이 섞여 살던 몽골제국의 수도 카라코룸에는 불교·도교·경교 사원과 이슬람의 청진사淸眞寺(모스크)가 같은 구역에 공존했다.

루브룩이 참가했던 종교토론회에서는 기독교와 이슬람교가 한편이었지만, 사실 당시 두 종교는 서로 적대관계에 있었다. 루브룩을 몽골에 파견한 프랑스 왕 루이 9세는 다름 아닌 7차 십자군전쟁을 주도했던 인물이다. 신의 이름으로 소위 '성전'을 일으킨 루이 9세와 신의 관용을 피력한 몽케 칸, 물론 각자가 처한 상황이 달랐겠지만 이 상반된 장면은 종교에 대한 우리의 태도를 성찰하게 한다.

1254년은 『동방견문록』의 저자 마르코 폴로가 태어난 해이기도 하다. 마르코 폴로에 의하면, 쿠빌라이 칸은 부활절·성탄절 등 기독교의 중요 절기마다 정성스런 의례를 행했는데 사라센(이슬람교도)과 유대인과 우상숭배자(불교도)에게도 마찬가지였다고 한다. 몽골의 전통에 따라 모든 종교에 관대했던 쿠빌라이 칸은, 기본적으로 샤머니즘의 텡그리 신앙을 믿었지만 티베트 승려 파스파를 국사國師로 추대해 라마교가 뿌리내리도록 힘썼을 뿐만 아니라 기독교를 옹호하기도 했다. 또한 조세징수와 관련해서는 무슬림을 활용하고 유교 사당을 세워 조상숭배를 장려하기도 했다. 마르코 폴로가 신장 각지를 지나면서 불교도와 기독교도와 이슬람교도가 섞여 사는 모습을 볼 수 있었던 배경에는 이러한 몽골 칸의 종교 관용정책이 자리하고 있었던 것이다.

오늘날 샤머니즘에 대한 두 가지 태도

신장의 샤머니즘은 이슬람교의 외피를 걸치고 살아남았다. 거슬러 올라가면 10세기 이후 지속적으로 진행된 신장의 이슬람화로 인해 샤머니즘이 설 자리가 없어졌기 때문이다. 그런가 하면 중화인민공화국 성립 이후 샤머니즘은 '봉건미신'이라는 꼬리표가 달린 채, 완전히 배척되지 않기 위한 일종의 생존 전략으로 자신의 모습을 더 은밀하게 감추어야 했다. 개혁개방 이후 중국 정부가 종교에 대한 관용정책을 취하면서 그 이전까지 억눌렸던 여러 종교가 신속히 부흥했지만 민간신앙은 봉건미신으로 치부되어 여전히 배척당했다. 동일한 치병 의례임에도 이슬람교 종사자는 그 행위의 정당성을 인정받는 반면 민간신앙의 계승자인 샤먼은 미신적이고 낙후된 존재로 간주되었다. 여러 제도종교가 부활한 1990년대 초, 현지 정부가 샤머니즘 의식에 종사하는 이들을 상대로 그 정도가 엄중한 자에게는 형을 내릴 것이라는 경고를 신문에 싣기도 했다. 또 2005년 신장의 신위안新源과 터커쓰特克斯에 큰 가뭄이 들자 청진사가 주체가 되어 마을사람들을 모아 산 위의 샘으로 가서 말을 죽여 하늘에 제사 드리며 기우 의례를 드린 일이 있는데, 이와 관련하여 해당 현의 종교사무위원회에서는 청진사의 기우 의례를 금지할 것을 요구했다. 또한 '봉건미신' 활동과 '불법' 종교활동에 타격을 주기 위해, 가뭄을 구실로 진행하는 봉건미신 활동을 금지하는 작업을 전개할 것임을 공지했다.

그런가 하면 신장의 샤머니즘 문화를 관광자원으로 개발하자고 주장하는 사람도 있다. 샤머니즘이 '문화상품'이 되어버린 것이다! 종교를 상품으로 만드는 논리는 종교를 억압하는 것보다 더 위험하다. 이제 샤머니즘은 이슬람교의 외피를 걸치지 않아도 모습을 드러낼 수 있겠지만, 아니 드러내야 하겠지만 이렇게 등장하는 샤머니즘에 과연 그 옛날 종교적 신성성이 손톱만큼이라도 남아 있을 수 있을까? 텡그리는 이제 정말로 사라질지도 모를 일이다. 자신을 경배하려는 게 아니라 구경하려는 인간들을 더 이상 보고 싶지 않을 테니.

신장 알타이의 의미

신장, 그 이름의 정당성을 묻는다

신장, 이 두 글자를 쓰기가 참으로 머뭇거려진다. 신장은 중국의 현실 영토의 6분의 1에 해당하는 면적의 칭호이며, 그 땅에서 살아가는 2,000만 인민이 시시각각 입에 올리는 명칭이다. 하지만 내 머릿속에서 이 책의 독자가 누구일지 생각할 때면 내가 보스턴에서 겪은 장면이 떠오른다. '민족 집단'과 관련된 토론회였는데, 회의 참석자 중에는 티베트인·몽골인·타이완인 그리고 중국의 한인漢人도 있었다. 만약 위구르인 대표가 없다면, 반드시 참석해야 할 사람이 다 왔다고 할 수 없음을 누구나 안다. 회의가 이미 시작되고서야 위구르인이 천천히 걸어서 나타났다. 그의 첫마디는 참석자들을 향한 선포였다. 만약 누군가 '신장'이라는 두 글자를 사용한다면 그는 회의 참석을 거절하겠다는 거였다. 신장, 이것은 일단 어떤 상황 속에 들어가면 일개 지명에서 아주 많은 난제와 항거를 포함한 역사로 변해버린다. 무엇이 '신장'인가? 가장 직접적인 설명은 '새로운 강토'라는 것이다. 하지만 위구르인에게 그 땅이 어떻게 그들의 '새로운 강토'일 수 있겠는가. 명백히 그들의 고향이며 대대손손 살아온 땅이다! 오로지 점령자에게만 비로소 '새로운 강토'인 것이다. 위구르인은 이 지명을 듣고 싶어하지 않는다. 그것은 제국 확장의 선포이자 식민주의자의 자랑인 동시에 현지 민족의 굴욕과 불행의 증거다. 신장, 중국에게도 참으로 난처한 지명이다. 그곳이 자고로 중국에 속해왔음을 온갖 상황에서 공언해온 바에 어떻게 또 '새로운 강토'라고 할 수 있는가? (왕리슝王力雄, 「나의 서역, 너의 동투르크」)

그림 17　건륭제의 위구르족 후궁이었던 향비가 묻힌 곳이라고 전해지는 카슈가르의 향비묘(香妃墓) 실제로 향비는 허베이(河北)성의 청 황릉에 묻혀 있지만, 위구르족은 향비가 절개를 지키다가 자결한 뒤 베이징에서 이곳으로 운구되어 안장되었다고 믿는다. 향비는 청에 대항한 위구르족의 상징인 셈이다.

그림 18　카슈가르 위구르족 전통마을의 담벼락에 적힌 경계 문구 “이슬람 해방당은 폭력 테러 조직이다”라는 말이 쓰여 있다.

이 글에서 나는 '신장'이라는 표현을 매우 많이 사용했다. 하지만 언제나 그렇듯 이 단어를 쓸 때면 늘 마음이 무겁고 갑갑하다. 그것은 아메리카를 '신대륙'이라고 하거나 콜럼버스가 '신대륙을 발견했다'고 하는 말을 들었을 때 느껴지는 바로 그 감정이다. 건륭제乾隆帝가 '신강新疆'이라고 명명한 그곳이 그곳 사람들에겐 조상대대로 살아온 '고토故土'다. 그들에게 신장이라는 이름은 그 고토를 빼앗겼음을 의미한다.

'서역西域'이라는 고대의 명칭 역시 중국 중심이기는 매한가지다. 서역이란 중국의 서쪽을 의미하지 않는가. '동투르키스탄'이 보다 중립적인 표현이긴 하지만 여기에도 문제가 있다. 신장의 비튀르크계 민족들은 신장을 동투르키스탄이라고 하는 것에 찬성하지 않을 것이다. 한편 동투르키스탄이라는 말은 종종 범튀르크주의 내지 범이슬람주의와 연결되어 테러리즘이나 분리주의를 연상시킨다. 사실 신장은 '중국의 화약고'로 불릴 만큼 민족 갈등이 첨예한 곳이다. 또한 중국으로부터 독립하고자 하는 의지도 매우 강한 곳이다. 신장의 역사를 살펴보면, '신장이 자고로 중국의 땅'이었다는 말은 어불성설이다.

덧붙이자면, 무겁고 갑갑한 마음에도 불구하고 어쩔 수 없이 이 글에서 신장이라는 용어를 사용하긴 했지만 '소수민족'이라는 용어는 의식적으로 사용하지 않으려고 했다. 신장의 민족을 두고 소수민족이라고 표현한다면 그들을 더욱더 그들의 땅으로부터 소외시키는 것 같아서다. 신장의 민족이 중국의 소수민족이 된 것은 중화인민공화국이 청의 영토를 그대로 물려받은 결과다. 민족자결의 원칙은 얄궂게도 신장의 그들을 비켜갔다.

알타이, 공존의 지혜

피터 홉커크Peter Hopkirk는 『실크로드의 악마들』에서 중앙아시아의 유물을 약탈해간 제국주의 탐험가들을 두고 '악마'라고 표현했다. 제국주의 열강의 시대에 신장의 유물은 그 악마들에 의해 무수히 파괴되고 약탈당했다.

튀르크화와 이슬람화, 그리고 최종적으로 중화인민공화국화된 곳이 오늘날의 신장이다. 그런데 이슬람화와 중화인민공화국화는 신장의 문물 파괴를 초래한 계기가 되기도 했다. 우상숭배를 죄악시하는 이슬람교의 영향 아래 수많은 불상과 벽화가 훼손되었다. 또한 문화대혁명 시기에는 '사구四舊(구사상·구문화·구풍속·구습관) 타파'의 기치 아래 종교에 대한 전례 없는 박해가 이루어졌고 수많은 종교 문물이 파괴되었다. 이 두 시기는 각각 종교적 열정과 혁명의 열정으로 균형감각을 잃었던 시기다. 다양성과 공존을 용납할 여지가 전혀 없었던 시기다.

현재의 신장은 이슬람교가 지배적이지만, 역사적으로 살펴보면 사실 이곳은 다양한 종교가 꽃을 피운 곳이다. 예로부터 동서의 다양한 문화가 소통하는 곳이었던 신장에서는 종교 역시 다채로운 양상을 띠고 전개되었다. 까마득한 옛날부터 샤머니즘이 아주 오랫동안 성행했을 뿐만 아니라 조로아스터교·불교·도교·마니교·네스토리우스교·이슬람교 등 여러 종교가 역사의 부침에 따라 이곳에 사는 이들의 신앙으로 받아들여졌다. 또한 이 다양한 종교는 여러 지역의 다양한 문화를 담고 있다. 샤머니즘에는 북방 초원문화, 불교에는 인도문화, 조로아스터교·마니교·이슬람교에는 페르시아·아랍문화, 도교에는 중국문화, 네스토리우스교에는 로마문화가 담겨 있다. 이처럼 다양한 문화에서 비롯된 다양한 종교가 상호 영향을 주고받으며 찬란한 족적을 남긴 곳이 바로 신장이다. 이 글에서는 개략적이긴 하지만 이런 맥락에서 신장의 종교를 역사적으로 개괄해 보았다.

그런데 "알타이 지역의 선사 및 고대 문화의 세계를 현재 시점에서 가능

그림 19 투위거우(吐峪溝) 마자르 이슬람교가 들어오기 전에 투위거우는 마니교와 불교의 성지였다. 이 마자르에서 아주 가까운 곳에 투위거우 천불동이 있는데, 거의 훼손된 상태다.

그림 20 독일인 르콕이 투위거우에서 유물을 약탈할 때 지냈던 곳

그림 21 **신장 오채성(五彩城)** 알록달록한 땅의 빛깔 때문에 오채성이라고 불리는 곳이다. 다양한 문화·민족·종교가 공존한 신장의 빛깔이 바로 이와 같지 않을까.

그림 22 **오채성의 오보**

한 있는 그대로 스케치"[1]한다는 취지하에 '신장 알타이'의 종교를 개괄한다는 것은 신장의 종교를 개괄하는 것과는 분명 다른 맥락의 작업일 것이다. 이 지역에 관한 정보의 출처가 일찍이 한자라는 문자도구로 기록을 남긴 중국이기에, 그들의 프리즘에 투과되지 않은 신장 알타이 지역의 실체에 접근한다는 것은 정말 많은 노력을 요구하는 어려운 작업일 수밖에 없다. 심지어 고고학 자료마저도 오늘날 중국의 시각에서 한번 걸러진 것에 접근할 수밖에 없다. 그 시각이란 다름 아닌, '고대로부터 신장이 중국의 것이었음'을 주장하려는 의도가 담긴 시각이다.

신장은 자고로 중국의 땅도 아니었고 튀르크의 땅도 아니었다. 그곳은 자고로 수많은 민족의 땅이었다. 알타이도 그렇다. 그것은 몽골의 것도 중국의 것도 카자흐스탄의 것도 러시아의 것도 아니다. 또한 네 나라 공동의 것도 아니다. 알타이는 그곳이 삶의 배경이었던 코카서스 인종의 유목민, 몽골리안 인종의 유목민, 또한 양자가 섞인 유목민 모두의 것이다. 알타이는 튀르크어계 민족, 몽골어계 민족, 만주－퉁구스어계 민족, 그리고 가장 먼저 그곳에 정착했던 인도유럽어계 민족 모두의 것이다. 더 나아가 그들과 영향을 주고받았던 알타이 주변 지역과 주변 민족 모두의 것이다. 까마득한 옛날 드넓은 유라시아에서 너무나 흡사한 문화와 종교관이 발견된다는 것은 얼마나 놀라운가. 그리고 그것이 지금까지도 그 흔적을 남기고 있다는 것은 또 얼마나 놀라운가. '신장 알타이'에서 신장이 아닌 '알타이'에 방점을 찍고, '몽골·카자흐스탄·러시아 알타이' 역시 국경을 초월한 '알타이'라는 지역에 방점을 찍어나감으로써 알타이의 수많은 주체를 소외시키지 않을 수 있을 것이다.

현대인의 신앙의 공백을 채워줄 그 무엇이 알타이에 존재할지도 모를 일

---

1 동북아역사재단 엮음(2013), 『알타이 스케치－몽골 알타이 편』, 동북아역사재단, 8쪽.

이다. 고대 알타이 지역에서 살던 이들은 신과 자연과 소통하며 사는 데 있어서 전문가가 아니었던가. 신과 자연과의 화해가 필요한 지금이다. 인간이 신과 자연과 어떻게 공존할지, 그리고 인간과 인간은 어떻게 공존할지, 이에 대한 모색이야말로 알타이 지역의 종교를 비롯한 모든 알타이 연구가 궁극적으로 지향해야 할 지점일 것이다.

신장 알타이의 신화

김선자(연세대학교 중어중문학과 강사)

신장 알타이는 알타이산맥 이남, 현재 중국 신장위구르자치구에 속해 있는 1,200km 정도의 지역을 가리킨다. 이 지역에서는 일찍부터 흉노·돌궐·몽골을 비롯한 여러 민족이 오고가며 많은 흔적을 남겼다. 알타이산맥의 남북 지역에 골고루 분포되어 있는 바위그림岩畵이나 사슴돌鹿石, 석인石人 등이 그 좋은 예다. 러시아 지역에 속한 알타이, 몽골에 속한 알타이가 각각 나름대로의 특색을 갖고 있기는 하지만 기본적으로 이 지역을 오고간 민족들의 문화는 서로 뒤섞이는 현상을 보여준다.

실크로드의 초원길과 연결되는 이 지역은 일찍부터 많은 사람들이 오고가면서 문화적으로도 서로 영향을 주고받은 곳인 동시에 신화를 비롯한 '이야기'들이 오고간 땅이기도 했다. 눈에 보이지 않지만 그것은 또 하나의 네트워크, 즉 '신화 네트워크'를 형성하고 있다. 그래서 이곳에 전승되는 신화들 속에는 북방 초원 민족들이 갖고 있던 공통적인 신화 모티프들이 나타난다. 알타이산맥을 끼고 남쪽으로 신장위구르자치구에서 카자흐스탄을 비롯한 중앙아시아 지역을 지나 이란과 아나톨리아반도로 이어지는 이 길은 페르시아를 비롯한 서아시아의 신화적 요소들이 들어온 길이기도 했고, 알타이산맥 너머 몽골과 러시아 지역 민족들의 샤머니즘적 요소들이 공유되는 길이기도 했다. 그런가 하면 현재 이 지역에는 카자흐족을 비롯하여 위구르족, 후이족, 몽골족 등 다양한 민족이 거주하는데, 그들이 전승하고 있는 여러 가지 신화에도 비슷한 요소가 나타난다.

특히 알타이어 계통에 속하는 몽골, 위구르, 만주-퉁구스계 여러 민족들의 신화를 관통하는 주요 모티프들이 있는 것은 분명해 보인다. 고대로부터 현재까지 그 지역에 거주하는 민족들이 공유하는 여러 신화 모티프 중에서 몇 가지를 뽑아 소개해보기로 한다.

세상의 시작에 관한 신화

세상 만물과 인간을 만든, 카자흐 신화의 천신 쟈사간[1]

알타이 지역에 거주하는 카자흐족에게는 쟈사간zhasaghan이라는 천신이 세상을 창조했다는 이야기가 전해진다. 먼 옛날, 하늘과 땅도 없었고 세상에는 불과 물, 바람과 흙이 온통 하나로 뒤섞여 아득하게 펼쳐져 있는 상태였다. 깊이를 알 수 없는 강물이 소용돌이쳤고 파도가 거칠었는데, 그때 쟈사간이 강물 속에서 반은 붉고 반은 푸른, 알처럼 생긴 둥근 돌을 건져냈다. 그 돌을 반으로 쪼개니, 절반이 변하여 불이 되었고 절반은 물이 되었다. 잘라진 돌을 다시 합치니 피어오른 수증기가 하늘이 되었고, 남은 찌꺼기가 변하여 땅이 되었다. 처음에 하늘과 땅은 아주 작았다. 하늘은 거울 정도 크기였고 땅은 말발굽 정도의 크기였는데, 쟈사간의 신비로운 힘으로 인해 하늘과 땅이 점차 커져 천부天父와 지모地母가 되었다. 마침내 해와 달, 별이 생기면서 빛과 어둠이 나뉘었다고 한다. 이 신화에서 최초의 세상은 혼돈 상태로 등장하지만 그것이 그냥 단순한 물이 아니라 불과 물, 바람과 흙 등 세상을 구성하는 몇 개의 원소로 이루어졌다는 점이 특이하다.

흥미로운 것은 세상의 시작에 이렇게 물과 불, 바람과 흙 등의 요소가 등장하는 신화들이 이곳뿐 아니라 티베트와 중국의 윈난성雲南省 지역 민족들의 신화에도 등장한다는 점이다. 티베트 창세신화에 보면 불교식으로 약간 각색되기는 했지만 비슷한 이야기가 등장한다.

---

1 만두후(滿都呼)는 '쟈사간'이라는 호칭이 고유명사라기보다는 '조물주', '창조자'라는 뜻이라고 했다. 『中國阿爾泰語系諸民族神話故事』, 73쪽.

아주 먼 옛날, 난카동단치쏭 왕이 다섯 가지 본원本源 물질을 갖고 있었다. 츠제취바 법사法師가 그것을 모아서 자신의 몸 안에 넣은 후 가볍게 "하!"라는 소리를 내며 염송을 했다. 그 소리에서부터 바람이 생겨나고, 바람이 빛의 바퀴와 같은 형상으로 날아오르다가 거기서 불이 생겨났다. 바람이 맹렬하게 불수록 불도 거세게 타올랐고, 뜨거운 불과 차가운 바람이 만나 이슬이 생겨났다. 이슬에서 작은 입자가 생겼고, 이 작은 입자들이 바람에 날려 이리저리 날아다니다가 모여서 산이 되었다. 세상은 이렇게 츠제취바 법사가 창조한 것이다. 이 다섯 가지 본원 물질에서부터 하얀 알과 검은 알이 나왔다.[2]

'왕'이나 '법사'라는 단어가 등장하기는 하지만 이것은 아마도 창세의 과정에 등장하는 두 명의 신이 기록 과정에서 이런 이름으로 대체된 것으로 짐작된다. 신화의 구조를 보면, 세상의 시작에 소리와 바람, 불과 물, 흙이 등장하고, 거기에서부터 하얀 알과 검은 알이 나오는 것이 카자흐 창세신화와 매우 흡사하다. 이러한 모티프는 다음과 같은 윈난성의 나시족納西族 신화로도 이어진다. 앞에서 언급한 '신화 네트워크'의 존재를 생각하지 않을 수 없는 대목이다.

아득히 먼 옛날,
하늘도 땅도 없던 시절.

---

2 단쩡난카(丹增南喀)가 인도에서 출판(1966)한 『줘푸(卓浦)』에 기록되어 있는 내용을 상무단 걸메이(桑木丹 G. 葛爾梅)가 소개한 것이다. 桑木丹 G. 葛爾梅 著, 向紅笳 譯(1994), 「뵌교의 역사와 교의 개술(概述苯教的歷史及教義)」, 『國外藏學研究譯文集』 第11輯, 西藏人民出版社.

그림 1 중국 윈난성 리장(麗江)에 만들어진 하얀 알과 검은 알 나시족의 창세신화를 소재로 만든 조형물이다.

해와 달도 없었고,
바다와 산도 없었지.

아름다운 소리가 위쪽에서 나타나고,
상서로운 기운이 아래쪽에서 나타났네.
소리와 기운이 서로 합해지니,
하얀 바람이 생겨났네.

세 줄기 하얀 바람이 불어오더니,
하얀 구름으로 변했네.
하얀 구름이 하얀 이슬이 되더니,
하얀 이슬에서 하얀 알이 나왔네.[3]

---

3 楊世光 整理(2009), 『黑白之戰』, 雲南人民出版社, 1쪽.

그림 2 허저족 샤먼 그림인 '영혼의 나무'(내몽골자치구 모리다와 샤먼박물관 소장)

카자흐의 또 다른 전승에 의하면, 아득한 옛날, 하늘과 땅은 온통 어둠에 휩싸였고 한없이 추웠다. 쟈사간은 지고무상의 천신이었다. 천둥과 번개는 쟈사간이 활 쏘는 소리며, 또한 활을 쏠 때 생겨나는 불꽃이었다. 그는 자신의 온기와 빛으로 해와 달을 만들었다. 이때부터 하늘과 땅은 따뜻해지기 시작했다. 쟈사간은 또한 대지 위에 인간을 만들기로 했다. 쟈사간은 사람을 만들기 전에 먼저 세상의 중심에 영혼의 생명수를 만들었다. 생명수가 자라고 나무에는 이파리가 빽빽하게 달렸는데 그것이 사람의 영혼이었다. 쟈사간이 흙으로 만든 진흙 인형 속에 그 영혼을 집어넣으면 인간이 되었다. 나무에 영혼이 매달려 있다는 이러한 모티프는 유라시아 대륙의 동쪽 끝, 중국 헤이룽장성黑龍江省에 거주하는 허저족赫哲族의 신화에도 등장한다. 나무에 영혼이 새의 모습으로 앉아있다고 생각하는 것이다.

나무에 매달린 나뭇잎이 영혼이라는 것은 나무를 어머니로 생각하는 위구르족이나 몽골족의 관념과 같은 맥락에 있다. 카자흐 신화에 등장하는 이 나무는 세상의 중심에 있으며 끝이 보이지 않는 높은 버드나무다. 꼭대기는 9층 하늘에 솟아 있고 뿌리는 7층 땅속까지 뻗어 있는데, 버드나무잎 하나가 한 사람의 생명이라고 한다. 한 사람의 생명을 대표하는 나무에 새 잎이 돋아나면 그 사람이 세상에 태어나는 것이고, 나뭇잎이 자라면 사람도 같이 성장하는 것이며, 나뭇잎이 누렇게 변하면 그 사람에게 좋지 않은 일이 생긴 것이다. 또한 나뭇잎이 시들면 그 사람이 병에 걸린 것이며, 나뭇잎이 떨어지면 마침내 그 사람이 죽는 것이라고 한다. 나무와 사람의 생명이 하나로 연결되어 있다는 이러한 사유는 초원민족에게 두루 보이는 관념이다.

한편 이렇게 쟈사간이 흙을 가져다가 만든 남자가 '아담아타Adamata'(인류의 아버지)이고 여자가 '하와나Khawana'(하와 어머니)였다.[4] 쟈사간이 진흙으로 인간을 만들어 햇볕에 말린 뒤, 영혼의 나무에서 영혼을 가져다가 집어넣어 인간으로 만든 것이다. 둘이 결합하여 25쌍의 남녀를 낳았고, 그들이 혼인하여 인류가 번성했다. 그런데 위구르 신화에 보면 신이 진흙으로 인간을 만든 다음에 영혼을 진흙 인형 속에 불어넣으려 하자, 영혼이 거부했다는 이야기가 나온다.

> 신이시여, 당신이 저를 빛으로 창조하셨지요, 인간은 흙으로 빚으셨습니다. 그런데 진흙은 순결하지 못해요. 제 영혼을 흙으로 만든 인간 속

---

4 '하와나(Khawana)'는 '하와'라는 뜻의 'Khawa'에 '어머니'라는 뜻의 'ana'가 붙어서 이루어진 단어이다. '아담아타'와 더불어 이 이름들은 이 신화가 전승과정에서 이슬람의 영향을 받았음을 보여주고 있다.

에 집어넣으신다면 저도 인간처럼 서로 속이고 싸우게 되고, 나중에 연옥으로 가서 벌을 받아야 할 거 아닙니까, 저는 저 진흙 인간 속에 들어가기 싫어요!

영혼과 몸을 분리해서 파악하고, 몸을 영혼의 껍데기로 보는 종교적 시각이 들어가 있는 이야기이긴 하지만, 이러한 영혼의 투정에 신은 과연 어떻게 했을까? 신은 인간이 고독감을 느끼거나 힘을 얻고 싶을 때 듣게 해주기 위해 음악을 만들기로 했다. 그래서 천사들이 하늘로 가서 악기를 가져다가 멋진 음악을 연주했고, 그것에 위로를 받은 영혼은 자기도 모르게 진흙 인형 속으로 들어갔다. 오늘날 우리가 음악을 들으면 기분이 좋아지는 것이 바로 그런 이유 때문이라고 한다.

어둠의 악마와 싸우는 빛의 천신, 쟈사간

쟈사간은 인간을 만든 뒤 유목민족에게 충실한 친구였던 개를 비롯해 많은 동식물을 만들었고, 마침내 세상에는 생기가 흘러넘쳤다. 그런데 그것을 질투하는 어둠의 악마가 있었다. 그는 세상을 어둠으로 뒤덮으려 했고, 각종 질병과 재해, 기아와 죽음을 인간 세상에 가져왔다. 세상은 공포로 가득 찼다. 쟈사간은 해와 달로 하여금 그 악마와 싸우게 했다. 해는 원래 강력한 힘을 가진 남성이고, 달은 부드럽고 아름다운 여성이다. 그들은 높은 하늘에서 오랫동안 서로를 바라보며 사랑을 키워왔다. 쟈사간의 뜻을 받들어 악마와 싸워서 인류를 구해내는 임무를 맡은 해와 달은 어둠의 악마에 맞서 싸웠다. 그러나 악마의 힘이 워낙 강해 전쟁은 매우 격렬했다. 해와 달은 교대로 악마를 몰아내고, 대지 위에 환한 빛을 비추며 인류와 만물을 지키고 보살펴주었다.

그림 3 신장위구르자치구박물관의 천장 모스크의 형식을 따서 지은 건물로, 빛을 잘 사용하고 있다.

그러나 그 때문에 해와 달은 이제 영영 서로를 만날 수 없게 되었다. 어둠의 악마를 몰아내기 위해 묵묵히 싸우고 있었지만, 서로를 볼 수 없게 된 것은 너무 가슴 아픈 일이었다. 오늘날 하늘에서 비가 내리고 눈이 내리는 것은 그들이 서로 볼 수 없게 된 것을 슬퍼하여 흘리는 눈물이라고 한다.

한편 카자흐족 신화에 등장하는 최초의 세상에는 악마들이 나타난다. 악마들이 판치고 다니면서 서로 물고 뜯으면서 싸워 그들의 세상이었던 '쿠이가부'를 온통 불타게 만들었다고 한다. 소멸되어버린 쿠이카부를 떠난 악마들이 우주를 떠돌다가 대지를 발견하여 내려와 살기 시작했는데, 다시 서로 싸우며 파괴하기 시작했고, 대지는 쿠이카부처럼 훼멸되어 버릴 위기에 처했다.

아름다운 대지를 구하기 위해 여신들이 지상으로 내려왔고, 악마들과 처절한 전쟁을 벌였다. 그 모습을 보고 있던 텡그리가 더 이상 참을 수 없어 악마들을 쫓아버리기 위해 분노의 화살을 쏘자, 악마들은 놀라서 사방으로 달아났다. 해마다 여름이면 악마들을 접근하지 못하게 하기 위해 우르릉거리는 천둥소리를 내면서 번개가 치는데, 그 번쩍이는 빛이 바로 텡그리가 쏘는 분노의 화살이라고 한다. 그리고 땅으로 떨어지는 운석은 천신이 쏜 화살의 화살촉이라고 여긴다. 그렇게 한바탕 천둥과 번개가 휩쓸고 지나간 뒤, 하늘에는 아름다운 무지개가 뜨곤 하는데, 그 무지개는 하늘 여신들의 옷에서 휘날리는 리본이라고 한다.

어둠과 빛, 흑과 백의 대립구도와 조로아스터교

앞에 소개한 이야기들은 카자흐족의 빛에 대한 관념을 보여준다. 알타이 지역을 대표하는 신화적 모티프 중의 하나는 빛과 어둠, 선과 악, 백과 흑의 대립이다. 알타이 지역 사람들은 기본적으로 빛에 대한 숭배 의식을 갖고 있다. 카자흐족 역시 어둠을 꺼려 한다. 어둠은 죽음과 침묵·분리·황량함의 대명사이다. 그들은 하얀 색의 말과 양에게 영성靈性이 있다고 여긴다. 쟈사간이 자신의 열과 빛으로 해와 달을 만들었다는 이야기는 그 기본구도가 페르시아의 조로아스터교 경전인 『아베스타Avesta』에 나오는 것과 비슷하다. 빛과 어둠의 대립은 조로아스터교의 기본 교의다. 그것은 이후 마니교에서 더욱 확장된다. 빛을 대표하는 해와 달을 보내 거대한 어둠의 악마와 싸우게 하는 쟈사간은 아후라 마즈다와 같은 이미지를 갖는다. '지혜의 최고신' 아후라 마즈다Ahura Mazda는 해와 달 그리고 12개의 별자리를 중심으로 하는 빛의 신이자 선신이며, 자신의 빛과 무한한 시간의 축복으로 천지만물을 만들었다. 빛의 신 아후라 마즈다가 어둠의 신 아흐리만Ahriman과 대립하는 이야기는 조로아스터 경전의 기본틀을 구성한다.[5]

조로아스터교는 기원전 7세기 무렵 페르시아에서 시작되었고(3000년 이상 되었다는 설도 있다), 사산왕조 시기에 국교가 되었으며 이후 중앙아시아 지역으로 유입된다. 조로아스터교 경전에는 고대 페르시아 신화가 많이 들어가 있는데, 조로아스터교가 중국으로 유입되는 과정에서 카자흐, 신장위구르 지역을 지나며 이 지역의 민족에게도 전파된다. 특히 카자흐족은 일찍부터 페르시아와 가깝게 지냈고 알타이 지역은 초원 실크로드의 중요한 통로였다. 카자흐 사람들의 유명한 명절인 '나우르즈Nawryz' 역시 페르시아의 '노우루즈Nowruz'('새로운 날'이라는 뜻)라는 춘분 의례에서부터 왔다. 중앙아시아 지역에 지금도 전승되고 있는 '나브루즈' 축제도 조로아스터교에서부터 시작되었다. 이 축제는 중앙아시아 지역에 이슬람이 들어오면서 조로아스터교 교의와 관련된 부분은 사라지고 민속화의 과정을 겪으며 살아남은 의례인데,[6] 겨울이 끝나고 낮의 길이가 길어지는 때가 바로 새해의 시작이다. 빛의 힘이 어둠을 누르는 시기인 것이다. 노우루즈는 '선이 악을 물리친 날을 기념하는 절기'[7]로서 이란에서도 이미 2500년 이상 지켜진 전통명절이다.

종교의 유입과 함께 페르시아 지역의 신화나 습속도 같이 카자흐 지역으로 들어오는데, 대표적인 것이 바로 빛과 어둠의 대립구도를 가진 신화였다

---

5 『아베스타』의 「가사(Gatha)」에 의하면 아후라 마즈다와 아흐리만은 같은 근원을 갖는다. "최초에 2개의 근원이 쌍둥이처럼 함께 생겨났네. 사상과 언어, 행동에 선악의 구분이 있었네. 선한 자들은 진정한 근원을 선택하고, 사악한 자들은 거짓 근원을 선택하지." 賈利爾 杜斯特哈赫 選編, 元文琪 譯(2005), 「가사·야스나(Yasna) 30장」, 『阿維斯塔(Avesta)』, 商務印書館, 11쪽.

6 장준희, 「중앙아시아의 전통축제 '나브루즈' 고찰」, 『비교민속학』 제43집, 150쪽.

7 유흥태(2010), 『페르시아의 종교』, 살림출판사, 41쪽.

고 할 수 있다. 카자흐족의 습속에도 이러한 영향은 남아있는데, 불을 신성하게 여기는 습속 역시 빛에 대한 숭배와 관련 있다고 볼 수 있다. 카자흐족은 나무 안에 불이 들어있다고 여겨 나무로 만든 의자가 아닌 철제 의자에 앉는 습속이 있었다고 하며, 혼인할 때 신부는 불을 피운 뒤 그 불을 지나서야 집 안으로 들어갈 수 있었고, 여름 목장에서 옮겨갈 때에도 두 무더기의 불을 피우고 물건을 실은 가축들을 그 사이로 지나가게 한다. 불 옆에는 나이 든 2명의 여성 샤먼이 각각의 불 옆에 서서 카자흐어로 '신성한 불'을 의미하는 '알라스Alas'라는 단어를 외치며[8] "재앙이여, 물러가라"는 주문을 외운다. 불을 신성하게 여기는 것은 몽골족 역시 마찬가지다. 집안의 화덕에 놓인 3개의 부뚜막돌은 매우 중요시하며, 섣달에는 불의 신에게 지내는 제사도 거행된다.[9] 불은 빛의 상징이며, 또한 요마를 물리치는 힘으로 여겨졌다.

조로아스터교뿐 아니라 마니교 역시 기본 교의는 선악 이원 대립구도에 있다. 조로아스터교 교의에 기독교와 불교가 섞인 마니교는 더욱 극단적이어서 빛이 승리를 거두고 어둠과 완전히 갈라지게 된다고 말한다. 마니교 역시 소그드 상인들 사이에서 많이 유행했고, 8세기에는 고창위구르高昌回鶻의 국교가 되기도 했다. 위구르 뵈귀 카간의 적극적 지원하에 위구르에서 포교활동을 하게 된 마니교는 소그드 상인들의 세력에 의해 당에까지 진출하는데,[10] 그들은 하얀 모자와 하얀 옷을 입었다. 마니교는 14세기가 되어서야 비로소

---

8 阿不都力江·賽依提, 「簡論哈薩克族宗教信仰的演變」, 『新疆社會經濟』 1997年 第6期, 77~78쪽.

9 孟根·包建軍, 「試論鄂爾多斯祭火飯與新疆諾茹孜飯」, 『黑龍江史志』 2013年 第11期, 312쪽.

10 위구르 뵈귀 카간 시대의 마니교와 소그드 상인과의 관계에 대해서는 정재훈(2000), 「위구르의 摩尼教 收容과 그 性格」, 『歷史學報』 第168輯, 160~162쪽 참조.

사라지게 되는데, 신장위구르에서는 마니교 유물도 많이 발견되고 있어서 이 지역에 살았던 튀르크 계통 민족에게 상당한 영향을 미쳤을 것으로 짐작할 수 있다.

물론 이러한 흑과 백의 대립구도는 알타이 지역뿐 아니라 남쪽으로 티베트와 중국의 윈난성 지역 민족에게까지 영향을 미쳤고, 동쪽으로는 만주 지역에까지 흔적을 남기고 있다. 바이칼 일대와 티베트, 몽골 지역에 전해지는 게세르Geser 계열의 신화들을 비롯하여 윈난성 나시족의 창세서사시 『흑백지전黑白之戰』 역시 흑과 백, 악신과 선신, 어둠과 빛의 대립을 기본구도로 삼고 있다. 해와 달의 환한 빛을 서로 쟁취하고자 하며 시작되는 빛의 신 미리둥주와 어둠의 신 미리수주의 대립과 전쟁이 이 신화의 주요 구도를 이루고 있다. 빛에 대한 숭배는 나시족뿐 아니라 티베트와 칭하이성青海省 일대에서 윈난 지역으로 이주한 것으로 여겨지는 고古 강족羌族 계통의 민족들에게 공통적으로 존재한다. 이족彝族이나 바이족白族, 하니족哈尼族 등에게 존재하는 횃불 제사火把節 역시 그러한 습속의 흔적이라고 볼 수 있다.[11]

조로아스터교가 그러했듯, 불 그 자체보다 중요하게 여긴 것은 사실 '빛'이다. 만주 지역의 창세서사시 『워처쿠우라분』[12]은 아예 빛의 천신 아부카허허와 어둠의 신 예루리의 대립을 기본구도로 이야기가 펼쳐진다. 카자흐 신화에서는 빛의 여신들이 어둠의 신과 싸우고, 텡그리가 빛 화살을 쏘아 전쟁을 끝내는 것으로 나오지만, 만주 신화에서는 빛의 여신들과 어둠의 신이 싸우

---

11 이 점에 대해서는 김선자(2013), 「나시족 창세서사시 『흑백지전(黑白之戰)』에 나타난 '흑'과 '백'의 문화적 맥락에 관한 연구」, 『中國語文學論集』 第83號, 429~435쪽 참조.

12 원래 제목은 『워처쿠우라분』이지만 한어로는 『천궁대전(天宮大戰)』이라고 번역한다. 富育光 講述, 荊文禮 整理(2009), 『天宮大戰·西林安班瑪發』 滿族口頭遺產傳統說部叢書, 吉林人民出版社.

는 장면이 이야기의 대부분을 차지한다. 물론 만주 신화에서는 '천신' 즉 텡그리가 아부카허허라는 여신으로 등장하고 있다. 이 이야기는 기본적으로 알타이 지역의 울겐-에를렉의 대립구도와 같은 것으로서, 빛과 어둠의 천신이 대립하는 이러한 구도의 신화들이 알타이 지역뿐 아니라 초원을 관통하여 만주지역까지 널리 분포되어 있다는 것을 보여준다.

지금 만주 지역을 대표하는 도시 하얼빈에서 가장 추운 1월에 열리는 '얼음등불 축제氷燈祭' 역시 어둠과 추위를 몰고오는 악마를 몰아내기 위한 습속과 관련 있는 것으로 보인다. 유라시아 대륙의 서쪽에서부터 동쪽 끝까지, 가장 널리 퍼져 있고 보편적인 신화 모티프를 선택한다면 그것은 다름 아닌 흑과 백의 대립구도일 것이다.

대지를 이고 있는 천신의 푸른 소

알타이 지역과 페르시아 지역과의 연관성을 보여주는 창세신화가 하나 더 있는데, 그것은 바로 푸른 소에 관한 것이다. 쟈사간이 처음에 땅을 만들었는데, 자꾸 흔들려서 거대한 푸른 소를 만들어 소의 뿔 위에 대지를 얹어 놓았다고 한다. 오래 되어 힘이 들면 소는 한 쪽 뿔에서 다른 쪽 뿔로 대지를 옮겼는데, 그때 세상에 지진이 나는 것이라고 했다. 사실 소는 농경민족과 관련이 깊은 동물이라서 유목을 하던 카자흐족의 창세신화에 소가 등장하는 것이 낯설게 보일 수도 있다. 카자흐족은 자신들이 기르는 말과 낙타·양·소 등 네 가지 동물들 중에서 말을 가장 신성한 동물로 여겼기에, 봄이 되어 불로 가축들에 대한 정화의식을 치를 때 말은 예외로 쳤다. 그러니까 카자흐족에게 있어서 소는 특별히 신성한 동물이 아닌데, 왜 신화 속에 푸른 소가 등장하는 것인지 궁금한 것이다.

그러나 이 지역과 페르시아 지역과의 깊은 관련성을 염두에 두고 본다면, 소 그 중에서도 천신의 빛깔인 푸른 빛깔의 소가 등장하는 것이 그리 이상할 것은 없다. 카자흐 신화 속에서 대지를 뿔 위에 얹고 있는 '푸른 소'는 신성을 갖춘 소다. 페르시아 신화에도 그런 소가 등장한다. 창세신화에 보면 거대한 물고기 등 위에 소가 있는데, 그 소가 뿔 위에 대지를 받치고 있다고 한다. 소가 움직이면 지진이 난다고 하여 카자흐족 신화와 기본적으로 같은 내용을 갖고 있다. 이런 신화는 키르기스족의 신화에도 등장한다. 키르기스 신화에서는 불의 신 때문에 화가 난 천신이 직접 푸른 소로 변해 불의 신을 항복하게 만들었다고 한다. 페르시아 신화에서는 아후라 마즈다가 처음으로 만든 동물이 소라고도 한다. 모든 동물들이 최초의 소에게서 나왔다고 말하고 있다. 사실 소는 아나톨리아반도에서 일찍부터 뇌우의 상징물로 여겨지기도 했고, 카자흐 지역에도 '소는 물의 조화'라는 말도 있기에 소가 창세신화에 등장하는 것이 이상할 것은 없다. 산지 알타이를 대표하는 암각화 중 하나인 칼박 타쉬Kalbak-Tash의 암각화에도 12개의 동그라미가 몸통에 그려진 거대한 소, 혹은 푸른색으로 칠해진 소의 도상이 등장한다.

카자흐 민간전설 속의 푸른 소

흥미로운 것은 카자흐족의 민간전설에 등장하는 푸른 소와 관련된 신데렐라 유형의 이야기다. 어떤 남자에게 두 아내가 있었는데, 각각 딸을 하나씩 낳았다. 첫째 부인이 못살게 구는 바람에 둘째 부인이 죽었고, 둘째 부인의 딸도 엄청난 고통 속에서 살아야 했다. 둘째 딸은 늘 소를 방목하며 지냈는데, 그 중 푸른 소 한 마리가 소녀를 돌보아주었다. 목장에서 푸른 소는 늘 소녀에게 건포도나 말린 살구 등을 주어 소녀가 배고픔을 면할 수 있게 해주었다. 그런데 첫째 부인이 그 사실을 알고 소를 죽이려 했다. 소는 그 사실을 알아채고 미리 소녀에게 일러두었다. 자신이 죽거든 자신의 발굽과 뿔, 내장 등을 땅에 묻고 사흘 뒤에 파보라고 했다. 며칠 후 첫째 부인은 진짜로 소를 죽였고, 소녀는 소의 부탁대로 소의 발굽과 내장 등을 모두 땅에 파묻었다. 사흘이 지난 후에 땅을 파보니, 그곳에는 신발 한 켤레와 아름다운 옷, 모자와 스카프 등이 있었다. 소녀는 신발을 꺼내 신어보고 옷도 입어보며 즐거워했다. 그런데 바로 그때, 소 한 마리가 도망치는 것이었다. 소녀는 소를 쫓아가다가 그만 신발 한 짝을 잃어버리게 되었는데, 그 잃어버린 신발 한 짝 덕분에 운명이 바뀌게 되었다. 그 후 자신을 핍박하던 첫째 부인과 큰딸도 징벌을 받게 되었다. 전 세계에 널리 퍼져 있는 신데렐라 유형에 속하는 이 이야기 속에서 소녀를 도와주는 존재가 하필이면 '푸른 소'라는 것은 천신의 빛깔인 푸른색 소가 일종의 신성을 갖고 있다는 카자흐 사람들의 관념을 보여준다. 천신이 만든 푸른 소가 대지를 받친다는 것과 소녀를 도와주는 존재가 푸른 소라는 것 사이에는 모종의 연관성이 있어 보인다. 한편 몽골 부리아트 지역에도 여성이 푸른 소와 교감하여 아이를 낳는다는 시조신화가 등장한다. 푸른 소는 이 지역에서 천신을 대신하는 존재로까지 등장하는 것이다.

인간의 친구 개가 곡식의 종자를 가져오다

중국 윈난성 지역에 거주하는 많은 민족들에게는 곡식의 기원과 관련지어 개가 하늘에서 곡식의 종자를 가져왔다는 신화가 자주 보인다. 그런데 흥미롭게도 위구르 지역에도 이러한 신화가 전해지고 있다. 원래 최초의 세상에서 천신은 인간의 생존을 위해 눈 대신 밀가루를 내려주었고, 인간이 사용할 수 있는 물을 비처럼 내려주었다. 먹을 것이 풍족하니 인간들은 아무 걱정 없이

그림 4 난 신장위구르를 비롯하여 중앙아시아 지역에서 주식으로 먹는다.

살아갔다. 그러던 어느날 한 여자가 귀한 빵(난nan)으로 아이 엉덩이를 닦아주는 사건이 일어났다. 신은 분노하여 사람이 없는 산에만 비를 내려주었고, 밀가루 대신 눈이 내리게 했다. 이때부터 인간은 먹을 것을 찾아 눈 덮인 땅을 헤매야 했다. 시간이 흐른 뒤, 신은 인간이 곡식의 소중함을 알았을 것이라고 생각하여 자비를 베풀어 다시 곡식의 종자를 내려주었다. 이때부터 인간은 스스로 농사를 지어 먹고 살게 되었다고 한다. 여기서도 곡식은 신이 인간에게 준 선물로 묘사되고 있다. 자연이 베풀어준 것을 감사한 줄 모르고 낭비하다가는 신이 모든 것을 다시 거두어 가버리는 사태에 직면할 수 있다는, 자연과 인간의 균형에 대해 말하고 있다.

또 다른 신화에 의하면, 원래 밀은 뿌리부터 줄기 전체에까지 이삭이 가득 붙어 있었다고 한다. 그런데 어느날 한 할머니가 빵으로 손자의 엉덩이를 닦아주는 사건이 일어났고, 밀은 천신[13]에게 "저를 다시 하늘로 데리고 가 주세요, 인간들이 저를 짓밟기 시작해요"라고 말했다. 분노한 천신이 사신을 보내 지상의 모든 이삭들을 긁어오라고 명령을 내렸고, 사신들은 밀의 이삭을 긁어내기 시작했다. 이삭이 지금 정도의 크기가 되었을 때, 개가 천신에게 빌었다. "신이시여, 남아 있는 이 이삭들은 저희들이 먹게 해주세요. 모조리 갖

---

13 만두후(滿都呼)가 소개한 내용을 보면 '천신(天神)'이 아닌 '진주(眞主)', '사신'이 아닌 '천사'라고 되어 있다(『中國阿爾泰語系諸民族神話故事』, 33쪽). 이슬람의 영향을 받은 용어로 보이지만, 비슷한 형태의 다른 지역 신화들과 비교해볼 때 그 원형은 '천신'인 것으로 보인다.

고 가 버리시면 저희는 굶어죽을 거예요." 개가 호소하는 것을 듣고 마음이 약해진 천신은 이삭을 개에게 남겨주라고 했다. 오늘날 우리가 먹는 곡식은 바로 그때 신이 개에게 남겨준 것이니, 사람들은 밥을 먹을 때마다 개에게도 먹이는 것을 잊지 말아야 한다는 것이다. 이 신화는 인간이 오늘날처럼 곡식을 먹을 수 있게 된 것은 개 덕분이라고 말하고 있다.

윈난 지역 여러 민족들의 신화에서도 개가 꼬리 밑에 곡식의 종자를 숨겨 온다는 등의 이야기들이 전승되고 있다. 개가 천상에 가서 곡식의 종자를 가져오거나, 인간이 개 덕분에 먹을 곡식을 갖게 되었다는 이러한 이야기들은 개가 인간의 오랜 친구임을 말하는 것일 뿐 아니라(천신 쟈사간이 가장 먼저 만든 동물이 개라고 한다), 곡식이 자연의 선물임을 알려주면서 자연이 준 모든 것을 귀하게 여겨야 한다고 믿었던 그들의 관념을 반영하고 있다.

푸른 하늘, 텡그리와 푸른 늑대

카자흐와 신장위구르, 만주 '푸른 대문' 집의 비밀

알타이 초원에서 살아간 민족이나 산악지대에서 살아간 민족에게는 공통된 종교 관념이 있었으니 그것은 바로 샤머니즘이다. 신장 알타이를 비롯한 알타이 지역은 고대로부터 조로아스터교와 마니교를 비롯하여 불교와 이슬람교 등 다양한 종교가 오고 갔지만, 그보다 더 오래 전부터 이곳을 지배해온 관념은 샤머니즘적 세계관이었다. 흉노·돌궐·회흘(위구르)·오손 등 북방 초원민족에게 있어서 가장 중요한 것은 '푸른 하늘'이었고, 푸른 하늘은 바로 '텡그리'로 대표되었다. 그래서 흉노의 지도자 이름도 '탱리고도선우'였고,

그림 5 신장위구르자치구 카슈가르 골목, 위구르족 집의 대문

위구르 민족의 지도자 호칭도 '텡그리 칸'이었다. 북방 초원을 휩쓸던 여러 민족들에게 있어서 푸른 하늘은 그 자체가 숭배의 대상이었다. 그래서 지금도 신장위구르자치구 일리 지역의 카자흐족을 비롯하여 위구르족 역시 대문이나 창문을 푸른색으로 칠하고 있고, 초원의 몽골족도 오보에 푸른 하닥을 거는 것이며, 만주족도 대문과 창문을 푸른색으로 칠하고 있는 것이다. 그뿐만이 아니다. 북방 유목민족과의 전쟁이 잦았던 중국의 산시성山西省 북부에서도 푸른색은 그들의 사원을 덮어 주는 기와의 빛깔이기도 하다. 중국 여러 지역에 많이 분포하고 있는 문묘文廟(공자를 모신 사원)는 대부분 노란 기와를 얹고 있다. 하지만 산시성 북부 타이위안太原에 있는 문묘에는 푸른 기와가 덮여 있다. 유독 이 지역에 푸른 기와가 많은 것은 이곳이 일찍부터 북방 민족들과의 교류가 잦았던 곳이라는 점을 보여준다. 푸른색은 샤머니즘적 세계관을 가졌던 북방 민족들이 공통적으로 중시하던 빛깔이기 때문이다.

푸른색을 의미하는 단어인 '쾩kök'은 그래서 고귀하고 신성한 생명의 색이었다. 고대 돌궐인은 스스로를 '쾩 튀르크kök türk'라고 했는데, '푸른 돌궐', 즉 강대하고 신성하며 고상한 돌궐은 하늘과 관련된 민족이라는 의미다. 몽골 역시 스스로를 '쿠케 몽골kök mongol'이라 하여 하늘과 연관 지었다. 신장

그림 6　만주족이 거주하는 지린성(吉林省) 창춘(長春) 우라지에(烏拉街)의 주택 창문

그림 7　내몽골 초원의 하닥

그림 8　헤이룽장성(黑龍江省) 북부 모허(漠河)의 창문

그림 9　산시성 타이위안 문묘의 푸른 지붕

위구르족에게 전승되는 『오구즈 칸의 전설』[14]을 보면, 위구르의 시조라고 여겨지는 오구즈 칸의 얼굴이 푸른색으로 묘사된다.[15] 그의 얼굴이 푸르다는 것은 그가 모든 것을 주재하는 천신의 보호를 받는 인물이라는 것을 의미한다. 실제로 그들은 어려운 일이 닥쳤을 때 푸른 하늘을 바라보면서 "텡그리께서 보호해주시길!"이라고 말하곤 했다. 푸른색은 그들에게 있어서 하늘, 텡그리의 빛깔이다.

텡그리는 원래 여신이었을까

그런데 흥미로운 주장이 있다. 8세기 초의 오르혼과 예니세이 비문에 의하면 텡그리 앞에 '쾩kök'이라는 단어가 붙는데, 물론 그것은 '푸른색', '하늘'이라는 의미지만 알타이 원시공동어에서 그것은 '젖'이라는 뜻이었다고 주장하는 학자도 있다.[16] 만일 이러한 해석이 맞다면 텡그리, 즉 천신은 만물을 먹여 살리는 젖을 가진 여신의 신격을 갖게 된다. 그렇다면 텡그리에 대한 숭배는 자연에 대한 숭배와 모성에 대한 숭배가 겹쳐진, 모계사회의 흔적이 된다. 사실 샤머니즘적 세계관을 가진 사회에서 최초의 샤먼은 여성이었다는 견해도 있

---

14 이것은 『오구즈나마(Oguznama)』를 가리킨다. 큽차크초원과 중앙아시아 일대에 널리 전승되어온 산문체 영웅서사시이다. 현존하는 유일한 사본은 프랑스 파리 국립도서관(Bibleiotheque Nationale)에 소장되어 있다. 도입부가 사라져 원래 제목을 정확하게 알 수 없으나 그 내용에 근거해 '오구즈 칸의 전설'이라고 제목을 붙인 것이다. 耿世民(1982), 『烏古斯可汗的傳說』, 新疆人民出版社.

15 원문의 내용은 다음과 같다. "이 남자 아이의 얼굴은 푸른 색/입은 타오르는 불과 같은 붉은색/눈은 빨갛고/머리카락과 눈썹은 검은 색이라네." 耿世民(1982), 앞의 책, 14쪽.

16 이것은 비쉰(畢樳)이 주장한 것으로, 『哈薩克民間文學槪論』(中央民族出版社, 2006)에 실린 내용이다. 「論哈薩克民間文學中的女性形像」(『民族文學硏究』 1985年 4期), 112쪽에도 같은 내용이 보인다.

거니와, 동아시아 지역에서는 천신이 여신으로 나타나는 경우가 매우 흔하다. 앞에서 소개한 만주족의 『워처쿠우라분』에 등장하는 아부카허허가 그 대표적인 경우고, 윈난성 여러 민족들의 신화에서는 거인 여신들이 창조의 주인공으로 등장하는 경우가 많다. 유목사회가 이슬람교와 불교 등 거대 종교의 영향하에 권력구조가 재편되면서 여신들의 흔적이 지워졌을 가능성은 충분하다. 그리하여 현재 텡그리는 당연히 남신으로 여겨지고 있고, 텡그리의 화신으로 알려진 '푸른 늑대' 역시 수컷으로 등장하고 있기에 텡그리가 여신일 것이라는 주장은 무척 생경하게 느껴질 수 있다. 그러나 샤머니즘의 흔적을 여전히 간직하고 있는 윈난성이나 만주 지역 여러 민족들의 창세신화에 여신이 천신으로 등장하는 경우가 많을 뿐 아니라, 카자흐족에게 전승되는 영웅서사시에서도 여성들이 매우 중요한 역할을 하고 있다는 점을 생각해보면 무조건 부정적으로만 볼 수는 없을 듯하다. 무엇보다, 빛과 어둠의 대립구도를 명확하게 보여주는 만주 지역의 창세서사시에서 빛의 천신으로 등장하는 아부카허허가 왜 똑같이 빛과 어둠의 대립구도를 보여주는 게세르 서사시의 천신들과 달리 여신으로 나타나는가 하는 점을 해석하는 데 도움이 될 수도 있는 주장이다.

랑잉郎櫻 역시 1960년대까지도 신장위구르 지역에서는 '아얄 텡그리Ayal tengri'라 하여 여성 창세신에 대한 신화가 전승되었다고 말하고 있다.[17] 여신이 세상을 만들 때 우주의 공기와 먼지를 빨아들여 내뱉었더니 입에서 큰 공이 나왔는데, 그것이 바로 지구라고 한다. 여신이 뱉어낸 지구가 크고 무거웠기에 빠르게 아래로 내려왔고, 하늘은 점차 멀어지게 된 것이라고 한다. 여신은 지구가 너무 멀리 가버릴까봐 걱정이 되어서 지구를 움직이지 못하게 해

---

17 郎櫻(1994), 「중국 돌궐어 민족의 샤머니즘 신앙」, 『비교민속학』 11집, 398쪽.

놓고 싶어했다. 그래서 소 뿔 위에 지구를 묶어 놓아 지구가 더이상 내려가지 않도록 했다. 여신은 다시 거대한 거북이를 하늘에서 내려보내 그녀가 내쉰 숨이 변해서 된 물 위에 엎드려 있게 했고, 그 거북의 등 위에 소를 서 있게 했다. 그렇게 해서 지구를 받치고 있게 한 것이다. 소는 뿔 하나로 땅을 이고 있었는데 시간이 오래 지나니 너무 힘이 들었다. 그렇다고 지구를 버릴 수도 없고, 결국 소는 지구를 다른 쪽 뿔로 옮겼는데, 매번 이렇게 옮길 때마다 지진이 일어났다고 한다. 이 이야기는 앞에서 소개한 카자흐 신화의 쟈사간이 푸른 소를 만들어 대지를 이고 있게 한 것과 비슷한 내용을 담고 있다. 다만 이 이야기에서는 소의 뿔에 대지를 얹어 놓는 주체가 '여신'으로 등장한다는 점이 다르다. '텡그리'의 원형이 여신이었을 수도 있다는 가능성을 보여주는 신화다. 물론 '하늘', '천신'을 가리키는 텡그리의 의미에 대해서는 이밖에도 여러 가지 설이 있는데, 그중에는 푸른 늑대와 관련된 신화가 많다.

오구즈 칸의 아내, '푸른 하늘'에서 내려오다

위구르의 기원 신화라고 할 수 있는 오구즈 칸의 전설을 보면 그의 두 아내가 각각 하늘과 나무에서 탄생하는데, 하늘에서 내려온 여성에 대한 이야기는 다음과 같다.

> 어느 날, 오구즈 칸이 하늘에 기도했다.
> 그때, 어둠이 내리고 있었는데
> 갑자기 하늘에서 푸른빛이 내려왔다.
> 그 빛은 햇빛보다 찬란했고
> 달빛보다 밝았다.

오구즈 칸이 가까이 가서 보니
그 푸른 빛 속에 소녀가
홀로 앉아 있었다.
눈부시게 아름다운 그 소녀의
이마에는 밝게 빛나는 사마귀 같은 것이 있었는데
그것은 북극성처럼 빛나고 있었다.[18]

하늘에서 내려온 그 소녀가 웃으면 푸른 하늘도 웃는 것 같았고, 소녀가 울면 푸른 하늘도 우는 것 같았다. 오구즈 칸은 그녀를 사랑하게 되었고, 마침내 그녀와 혼인하여 함께 살면서 아이들을 낳게 되었다. 첫째는 퀸Kün('낮'이라는 뜻), 둘째는 아이Ay('달'이라는 뜻), 막내는 율드즈Yulduz('별'이라는 뜻)이라는 이름을 지어주었다. 그러니까 위구르 사람들은 하늘에서 내려온 소녀와 오구즈 칸의 결합에서 생겨났으니, 그들은 바로 천신 즉 텡그리의 후손인 셈이었다.

오구즈 칸의 수호신, 푸른 늑대

신장위구르자치구에 살고 있는 위구르족에게 있어서 늑대는 강인한 힘과 어머니 같은 따뜻함으로 그들을 지켜준다. 위구르의 영웅 오구즈 칸이 전쟁터에 나갔을 때였다. 그가 군대를 이끌고 무즈타그 아타Muztagh Ata(신장위구르자치구 서남부, 카라코룸 하이웨이에 자리한 높은 산)에 도착했을 때, 신비로운 푸른 늑대가 나타나 오구즈 칸의 군대를 이끌어 주어 승리하는 이야기가 있다.

---

18 耿世民(1980), 『烏古斯可汗的傳說』, 17쪽.

어느 날 새벽, 찬란한 빛이 오구즈 칸의 천막 안으로 들어가더니 청회색 갈기와 털을 가진 늑대가 나타났다.

> 다음날 동이 터 올 무렵,
> 오구즈 칸의 천막에
> 햇빛처럼 찬란한 빛 한 줄기가 들어왔네.
> 그 빛 속에서 푸른 갈기와 푸른 털을 가진 수늑대가 나타났네.
> 푸른 늑대가 오구즈 칸에게 말했네.
> "오구즈여, 네가 우룸을 정복하러 가는 것이지?
> 내가 네 앞에서 길을 안내해주마."[19]

텡그리의 푸른 늑대가 여러 차례에 걸쳐 오구즈 칸의 군대를 이끌어준 덕분에 오구즈 칸은 원정에서 승리한다. 여기서 푸른 늑대는 오구즈의 '우란uran'이 된다. '우란'이란 '전투 구호'라는 뜻이지만, 사실 그것은 어떤 부족이 숭배하는 동물 혹은 사람을 가리킨다. 전쟁터에서 우란을 외치면 그것은 그들을 지켜주는 부적이 되며, 그들의 용기를 북돋우는 강력한 힘이 된다. 위구르족에게 있어서 늑대는 용맹스러움과 지혜의 상징이며 상서로운 징조를 의미한다. 「늑대가 위구르를 구하다」라는 이야기에도 위구르족을 재난에서 구해준 늑대에 관한 이야기가 나온다. 전쟁에서 패한 위구르인들이 산중턱에 갇혀 오도 가도 못하고 있을 때, 늑대 한 마리가 나타난다. 위구르 사람들이 그 늑대를 따라갔고, 늑대는 그들을 이끌고 동굴 속으로 들어갔다. 어두운 동굴을 한참 걸어가니 마침내 출구가 나왔고, 그곳에는 드넓은 비옥한 초지가

---

19 耿世民(1980), 앞의 책, 20쪽.

펼쳐져 있었다. 죽음의 위기에서 그들을 구해준 늑대를 위구르 사람들은 신성한 존재로 여겨 숭배했다는 것이다.

그런가 하면 일리 지역에 전승되는 민간의 이야기를 보면 요괴에게 쫓기던 소녀가 죽게 될 위기에 처했을 때에도 푸른 빛 속에서 푸른 늑대가 나타나 요괴를 쫓아버리고 소녀를 구해주었다고 한다. 위구르 사람들에게 있어서 푸른 늑대는 강인한 힘을 가진 수호신이었다.

몽골의 푸른 늑대, '보르테 치노'

몽골어로 늑대는 '치나', 돌궐어로는 '보르', 그러니까 『몽골비사』에 등장하는 몽골의 시조 '보르테 치노Borte Cino'의 이름 속에는 몽골어와 돌궐어의 '늑대'라는 뜻이 모두 들어가 있다. 늑대는 사슴과 더불어 몽골족의 토템이다. 칭기스 칸의 군대가 그렇게 용감무쌍했던 것도 그들이 늑대의 전법을 배웠기 때문이라는 말도 있을 정도로, 그들과 늑대는 매우 깊은 관련성을 갖는다. 사실 초원 민족들에게 왜 그렇게 늑대가 중요했을까 하는 것은 지도를 펼쳐보면 바로 알 수 있다. 만주 대싱안링大興安嶺산맥 서쪽에서부터 시작된 초원이 카자흐스탄을 지나 키르기스스탄 지역까지 수천 km에 걸쳐 드넓게 펼쳐져 있다. 숲속에서 살아가는 사람들에게 곰과 호랑이가 가장 두려운 존재이기에 경배의 대상이 되듯, 초원에서 말과 양을 키우며 살아가는 유목민들에게 있어서는 늑대가 공포와 경외의 대상이었다. 더구나 늑대는 하늘을 보며 운다. 늑대가 하늘을 보며 우는 것은 늑대가 텡그리와 교감하는 동물이기 때문이라고 한다.

늑대가 없었다면 몽골족은 일찌감치 사라졌을 것이라는 말도 있다. 초원에 죽은 동물의 사체만 있으면 늑대는 절대 말이나 양을 공격하지 않는다. 늑

그림 10 러시아와의 접경지대에 있는 스웨이(室韋) 마을 민가 벽에 걸려있는 늑대 문양의 장식물(내몽골자치구 동북부)

대가 초원의 청소부 노릇을 해주기에 몽골 사람들은 초원에서 안전하게 생활할 수 있었다. 늑대가 가축을 공격할 때에는 죽여야 할 대상이지만 또한 늑대는 초원을 지켜주는 존재였기에 보호 대상이기도 했다. 늑대에 대한 그런 양가적 감정에서 초원 사람들의 늑대에 대한 숭배 의식이 생겨났다. 몽골의 늑대는 바로 그런 존재였다. 그리고 그런 이야기는 이미 오래 전 한漢 대의 문헌에 등장하고 있다.

늑대가 키운 오손의 왕 곤막

한 대 사마천司馬遷이 쓴 『사기史記』, 「대완열전大宛列傳」에 오손烏孫의 왕 곤막昆莫에 대한 이야기가 나온다. 오손은 지금의 카자흐 기원과 관련되어 있다고 하는데, 오손 왕 곤막에 대한 이야기는 『한서漢書』, 「장건전張騫傳」에도 보인다. 곤막의 아버지는 흉노 서쪽에 있던 작은 나라의 왕이었다. 흉노가 쳐들어와 곤막의 아버지 난두미難兜靡를 죽였는데, 하필이면 그때 곤막이 태어났다. 흉노는 곤막이 너무 어려 죽이지 않고 그냥 들판에 내버렸는데, 까마귀가 아이에게 고기를 물어다 먹이고 늑대가 젖을 먹였다. 그것을 보고 기이하다고 여긴 흉노 선우가 아이를 거두어 기르게 된다. 곤막은 커서 장군이 되어 많은 공을 세웠고, 자신을 키워준 선우가 죽은 후에 무리를 이끌고 지금의 일리하 유역으로 가서 나라를 세웠다. 흉노가 여러 차례 오손을 공격했지만 이길 수 없자 곤막을 신이라고 여겨 멀리 물러나버렸다고 한다.

돌궐 아사나부, 늑대의 후손

한편, 『주서周書』 권50 「돌궐전突厥傳」에는 북방 초원을 무려 400여 년간이나 호령했던 돌궐족의 시조신화가 기록되어 있는데, 거기에도 늑대가 등장한다. 돌궐의 아사나부阿史那部에 관한 이 신화는 부락 간의 피비린내 나는 전쟁 이야기에서부터 시작한다. 돌궐은 원래 흉노에서 갈라져 나왔다. 돌궐의 조상들이 부락을 이루고 사는데, 이웃 부락이 침범하여 돌궐 부락 사람들을 모조리 죽였다. 마을은 불타고 사람은 모두 죽고, 부락은 사라질 위기에 처했다. 오직 하나 살아남은 아이는 겨우 10살이었는데, 침략자들은 그 아이가 너무 어려 차마 죽이지는 못하고 팔과 발을 자른 후 초원의 습지에 내다버렸다. 그 아이를 늑대가 거두어 길렀다. 후에 아이가 자라 늑대와 교합하니, 늑대가 임신을 했다. 그런데 아이가 아직 살아있다는 소식을 들은 침략자의 왕이 다시 사람을 보내 그를 죽이라는 명령을 내렸다. 사람들이 가보니, 아이 옆에 늑대가 있어 늑대까지 죽이려 했다. 그러자 늑대는 고창국高昌國 북쪽 산의 동굴 속으로 숨어들어 갔고, 그곳에서 10명의 아들을 낳았다. 아사나부가 바로 그중에 하나였다고 한다.

키르기스와 카자흐의 암늑대

키르기스족에게는 다음과 같은 신화가 전해진다. 침대 위에 매일 누워만 있는 마비된 아이가 있어서 부모가 황야에 버렸다고 한다. 그런데 그 아이를 암늑대가 데려다가 정성껏 젖을 먹여 키웠고, 아이는 건강하게 자라났다. 나중에 어떤 사람이 그 아이를 발견하여 집으로 데려다가 '카바'라고 부르며 키웠는데, 머리카락이 늑대 갈기와 같아 '긴 갈기 카바'라고 불렀다. 그의 후손들이 부락을 이루었으니, 그것이 지금의 키르기스 카바 부락이라고 한다. 곤막의 경우나 돌궐 아사나부의 이야기와 마찬가지로, 버려진 아이를 암늑대가 데려다 키워 민족 혹은 부족의 시조가 되는 형태를 갖추고 있다. 한편 카자흐족과 친연관계를 가진 나이만부에도 비슷한 전설이 있다. 알타이에 거주하던 나이만부가 다른 부족의 침입으로 모두 죽고 늙은 바투르 하나만 살아남았다. 암늑대가 그를 데려다가 동굴 속에 숨겨주었고, 바투르는 그곳에서 후손을 키웠다. 그가 바로 나이만부의 조상이 되었다는 것인데, 그 동굴이 있던 곳이 에르구네-쿤 산이어서 이들을 에르구네-쿤 나이만이라고 불렀다고 한다.

한없이 자애로운 암늑대와 민족의 시조

앞의 이야기들에 등장하는 주인공은 '암늑대'다. 이 이야기들 속에서 늑대는 한없이 자애롭고 따뜻하다. 하지만 어려움이 있을 때에는 강한 힘을 발휘해 아이를 보호해준다. 그야말로 강인하고 자애로운 어머니의 두 가지 속성을 잘 보여주고 있는 것이다. 보통 다섯 마리에서 열두 마리 정도가 무리를 이루어 다니는 늑대는 병들거나 어린 늑대들을 잘 돌보는 것으로도 알려져 있다. 무엇보다 암컷 늑대는 지극한 모성애를 지니고 있기로 유명하다. 민족의 시조신화에 등장하는 늑대는 지극히 '여성적'이며 착하다. 그러나 간과하지 말아야 할 것이 있다. 앞에서 말했듯, 늑대는 지극히 강한 존재라는 점이다. 잔인하고 용감하며 지혜롭고 단결력이 있는 늑대는 유목민족들에게는 경외의 대상이었다. 늑대는 결코 정복되거나 길들여지지 않는 존재였다. 거기에서 늑대의 강한 힘이 자신들의 지켜줄 수 있을 것이라는 믿음도 생겨났으며, 또한 천상의 수컷 늑대와 혼인하는 인간 여성의 이야기가 생겨났다.

천상의 수컷 늑대와 혼인하는 고차 왕의 딸

천상에서 내려온 늑대와 인간 세상의 여자가 혼인하는 신화는 고차족高車族에게 전승되었다. 『위서魏書』「고차전高車傳」에는 4, 5세기 무렵에 활동했던 흉노 계통의 민족인 고차高車(회흘回紇)에 대한 이야기가 나온다. 그들도 늑대를 조상으로 여겼다. 고차족의 신화에서 늑대는 하늘에서 내려온 천신과 동등한 존재다. 흉노의 선우에게 아름다운 딸이 둘 있었다. 그 딸들이 얼마나 곱고 예쁘던지 사람들은 그 자매를 신처럼 여겼다. 흉노의 선우는 인간은 이토록 아름다운 딸들의 짝이 될 수 없다고 여겨 짝을 하늘에서 찾고자 했다. 그래서 나라의 북쪽, 사람이 오가지 않는 땅에 높다란 대를 쌓아 놓고 자매를 그 위에서 살게 했다. 1년이 지나 늑대 한 마리가 찾아오더니 낮이나 밤이나 딸들이 있는 대를 지키며 울었다. 게다가 대 아래 쪽에 굴을 파고 들어가더니 오랫동안 떠나지 않았다. 그 모습을 보며 작은 딸이 말했다.

> 아버지께서 우리를 하늘과 짝지어 주시려고 이곳에 있게 하셨는데, 저 늑대를 보니 분명히 신성한 늑대인 듯합니다. 하늘에서 보내주신 듯해요. 저 늑대와 혼인해야겠습니다.

그 말을 들은 언니가 화를 냈다. 부모님을 욕보여도 분수가 있지, 인간이 어찌 늑대와 혼인하겠느냐는 것이었다. 하지만 동생은 언니의 말을 듣지 않고 늑대와 혼인하여 아들을 낳았다. 그 후 점차 번성하게 되어 나라를 이루었다고 한다. 그러니까 천신을 대표하는 늑대와 인간 세상 왕의 딸이 혼인하여 태어난 아이가 바로 고차족의 시조가 되었다는 것이다. 곤막의 신화와 달리 여기서는 하늘에서 내려온 늑대가 수컷으로 등장한다. 더구나 늑대와 혼인하는 것이 '부모님을 욕보이는 것'이라는 관념도 등장한다. 암늑대 이야기가 후대로 오면서 변형된 흔적을 보여주고 있는 것이다. 많은 신화들 속에서 버려진 아이를 거두는 것이 암늑대로 등장하는데 이것이 아마 신화의 원형일 것이다. 그러나 이후 실크로드를 통해 조로아스터교·마니교·이슬람교 등이 들어오면서 여신들이 지위를 잃어버리는 것과 동시에 늑대도 암늑대에서 수컷 늑대로 변하는 과정을 겪는 것이 아닐까 생각한다. 위구르의 시조신화인 오구즈 칸의 전설에서 오구즈 칸을 이끌어주는 푸른 늑대나 몽골의 시조인 푸른 늑대 모두가 수컷 늑대로 등장하는데, 원래 암늑대였던 것이 수컷 늑대로 변한 것은 부계의 확립과 거대 종교들의 영향에서 생겨난 변화일 가능성이 크다.

초원민족에게 있어 늑대의 의미와 상징성

이처럼 약간 변형된 모습으로 나타나기도 하지만, 앞의 이야기들은 영웅신화의 전형적인 틀을 보여주고 있다. 그리고 그 이야기 속에서 늑대는 주로 그들의 어머니 역할을 한다. 늑대의 후손이 흉노·회흘·돌궐·몽골의 시조가 된다는 것은 그들의 조상이 늑대라는 말이 된다. 물론 늑대는 어머니의 모습으로 나타나기도 하지만 동시에 천신의 대리자로 등장하기도 한다. 천신의 대리자로서 인간 남성 혹은 여성과 혼인한 늑대는 푸른 하늘, 텡그리의 상징이며 또한 그들을 지켜주는 수호신이다. 천신을 숭배하던 초원민족들에게 있어서 늑대는 어머니기도 한 동시에 아버지기도 했다. 그것은 앞에서도 말했듯 초원민족과 늑대와의 깊은 관련성에서 나온 이야기다. 지극한 모성을 보여주면서도 깊은 지혜와 끈질긴 인내력을 가진 늑대는 초원에서 온갖 어려움을 겪으며 살아남아 부족을 통합하는 영웅들의 모습을 투영한다. 열악한 초원에서 살아남기 위해 그들은 누구보다 강하고 인내할 줄 알고 지혜로워야 했다. 늑대가 그런 특징들을 갖고 있었기에 그들은 늑대를 닮아야 했다. 그래서 용맹스럽고 지혜로운 늑대는 아틸라 같은 전쟁터의 정복영웅과 동일시되기도 했다. '터키의 아버지'라는 별명을 갖고 있는 무스타파 케말도 '푸른 늑대'라는 별명을 갖고 있다. 늑대를 뜻하는 카자흐어 '카스크르qasqyr'가 '존경' 혹은 '숭배'라는 뜻에서 비롯되었다고 말하는 학자도 있는데,[20] 이런 것을 통해 초원민족의 늑대에 대한 경외심을 엿볼 수 있다.

흥미로운 것은 늑대에 대한 서구 사회의 이미지다. 유럽 사회에서 늑대는 그다지 좋은 이미지로 등장하지 않는다. 보름달이 뜬 밤이면 늑대인간으로 변하는 주인공의 이야기는 매우 기괴하다. 또한 늑대는 '악'의 대명사로 여겨진다. 어쩌면 늑대를 시조로 여기는 '무섭고 잔인한' 흉노나 몽골의 습격에 대한 정신적 상처가 남아 있는 유럽에서 늑대를 '악'의 대명사로 여기고 늑대인간에 대한 부정적 타자 이미지를 만들어낸 것일 게다. 그러나 사실 늑대는 아무 죄가 없다. 유목민족이 목초가 말라갈 무렵 농경민족을 향해 치고 내려갔던 것이 그들이 특별히 호전적이어서가 아니라 생존에의 필요성 때문에 그런 것이었다면, 늑대의 공격적 속성 역시 생존을 위한 것일 뿐이었다. "초원의 모든 늑대는 싸우다가 죽는다"는 말이 있다. 늑대는 절대 굴복하거나 후퇴하지 않는다. 거칠지만 자유롭고 지혜로우면서도 따뜻한 늑대, 그래서 늑대는 죽여야 하는 대상인 동시에 숭배해야 하는 대상이었던 것이다.[21]

---

20 阿不都力江·賽依提,「簡論哈薩克族宗教信仰的演變」,『新疆社會經濟』1997年 第6期, 77쪽.

21 늑대에 관한 이야기들은 김선자(2012),『오래된 지혜』, 어크로스에서 인용했다.

우마이 여신

신장알타이 지역에 거주하는 카자흐족에게는 생육의 여신이자 아이들의 수호신인 우마이Umai 여신에 대한 신앙이 있다. 위구르사람들에게도 아이들의 수호여신인 우마이에 대한 신앙이 있다. 지금의 중국 닝샤후이족자치구寧夏回族自治區에 있던 탕구트족의 나라였던 서하西夏의 건국자 이원호李元昊의 원래 이름이 '우마이 우주(역사서에서는 '외명오졸嵬名烏卒'이라고 표기한다)'였음을 기억해본다면, 신장알타이 지역에서 우마이에 대한 신앙이 매우 보편적이고 폭넓게 전승되고 있었음을 추측해볼 수 있다. '우마이'는 '시조모'라는 뜻이고 '우주'는 '푸른 하늘'이라는 뜻이니까, 서하의 위대한 지도자 이원호의 원래 이름 '우마이 우주'에는 '푸른 하늘과 어머니 여신의 후손'이라는 의미가 들어있는 것이다.

11세기 무렵, 지금의 신장위구르자치구에 있었던 카라한왕조의 마흐무드 카슈가리가 편찬한 『튀르크어대사전(디완 루갈 앗-튀르크)』에 "누구든 우마이 여신을 숭배하면 자식을 얻을 것이다"라는 고대 튀르크인의 격언이 나온다. 이미 1000년 전부터 위구르 지역에서 우마이 여신을 아이를 보내주는 여신으로 여겼음을 알 수 있다. 양민종이 소개한 알타이 신화를 보면, 텡그리의 몸이 남자와 여자로 갈라지면서 남성 최고신 '울겐'과 여성 최고신 '우마이'가 되었다고 한다. 그리하여 우마이는 알타이 산악지대와 톈산산맥 인근 중앙아시아, 파미르고원 등 지역의 민족에게 있어서 다산과 순조로운 출산을 상징하며 풍요의 신으로 여겨지게 되었다고 한다.[22]

---

22 양민종(2010), 「신화 내부 시간 범주에 따른 알타이신화 모티프 분류」, 『단군학연구』 제22호, 254쪽.

이슬람교가 들어온 이후 이 지역에서 사라진 여신의 원형은 샤머니즘적 전통을 여전히 유지해온 유라시아 대륙 동쪽 끝의 만주 지역에서 찾아볼 수 있는데, 우마이 여신에 대한 것 역시 마찬가지다. 우마이에 대한 신앙이 신장 알타이뿐 아니라 만주 지역 민족들의 신화에도 등장하는 것이다. 어디서나 우마이는 생명과 관련된 여신이며, 아이들의 건강을 책임지는 수호여신이다. 그 원형은 모든 생명을 품고 만들어내는 여성의 '자궁'이 아닌가 여겨지는데, 그것은 '주머니'의 형태로 나타난다. 만주 지역의 만주족 사람들에게는 헝겊으로 만든 '자손주머니子孫袋' 안에 '자손줄子孫繩'을 담아 방안 천장 쪽 벽에 매달아두는 습속이 있다. 봄이 오면 마당에 세워 둔 버드나무에 자손줄을 꺼내 연결해서 아이들이 1년 동안 건강하기를 기원하는 제의를 거행한다. 카자흐족 습속에도 아이들에게 실을 묶는 의례가 있다. 다른 형태이기는 하지만 '주머니'와 '줄'로 이어지는 습속의 일부는 같다.

그런데 만주 석씨石氏 집 샤먼의 노래에 "자손은 자손주머니에서 나왔으며, 주머니가 클수록 자손도 많다"는 말이 전해진다. 만주 신화의 주요 자료인 『니산샤먼전尼山薩滿傳』에도 여신들이 아이들을 '주머니'에 담는다는 말이 나온다. 그 여신들을 총괄하는 '할머니'의 이름을 또 다른 판본에서는 '우마이마마'라 하고 있다. 다우르족에게 전승되는 판본에서는 많은 아이들에게 둘러싸인 채 앉아있는 할머니를 '오미할머니'라고 번역하고 있다. 그는 '인류를 뿌리에서 번성하게 하며 가지가 나뉘어 번성하게 하는 여신'으로, 만주족은 그를 '오모시마마'라 하고 있다. 아이들이 아플 때 사람들이 오모시마마에게 정결한 버드나무를 바치면 아픈 것이 빨리 낫는다고 한다. 이 여신은 때로 '나뭇잎을 무성하게 자라도록 하고 나무뿌리에 물을 주는 자손할머니'로 등장하기도 한다. 그러니까 만주 지역에서 '오모시마마' 혹은 '우마이마마'는 '시조할머니' 혹은 '아이를 보내주는 여신'의 신격을 갖고 있다.

그림 11 허저족의 나무(2011년 국립민속박물관 주최 국제샤머니즘 특별전 전시품)

아픈 아이를 치료하는 우데게족 신화에도 비슷한 것이 나타난다. 아이가 아픈 것은 영혼이 사라졌기 때문이기에 그 영혼을 찾아오기 위한 의례를 행해야 하는데, 샤먼은 먼저 가죽으로 둥근 형태의 주머니 같은 것을 만든다. 그것을 '오메ome'라고 하는데, '둥지'라는 뜻이다. 그 안에 미래에 태어날 아이의 영혼이 들어있다. 오메는 높은 산에서 자라는 신화적 나무 위에 있다고 한다. 아이를 원하는 부부에게 행하는 샤먼의 의례를 보아도 '둥지'가 나타난다. 작은 나무 위에 마른 풀로 만든 둥지를 올려놓고 천 조각을 매단다. 아이의 영혼을 찾아오기 위해 그 영혼을 돌보는 '위대한 할머니'에게 부탁하는 것이다. 여기서 '오메'라는 공간이 중요하다. 앞에서도 말했듯, 영혼이 작은 새가 되어 나뭇가지(영혼수) 끝에 앉아있다는 신화는 북방 허저족에게서도 명확하게 나타난다. 샤먼의 그림에서는 새 대신에 꽃이 피어 있기도 하다.

위대한 할머니가 '오메'(둥지)에서 아이의 영혼을 꺼내어 나무 위에 올려놓는데, 아마도 그 형태는 작은 새의 모습일 것이다. 그 새가 인간세상으로 와 아이로 태어나는 것이다. 그러니까 북방 초원을 관통하여 서쪽에서부터 동쪽 끝까지 '우마이', '오미', '우미', '오메', '오모시'라는 이름을 가진 여신들이 두루 등장하는데, 그 이름이 새의 '둥지'라는 의미를 갖는 단어라는 점은 매우 중요하다. 새의 '둥지'가 생명을 낳고 품는 공간이듯 여성의 '자궁' 역시 생명을 품는 공간이다. 만주족의 자손주머니나 허저족의 오메는 같은 의미를 갖는 것이다.[23]

신장알타이 지역에 우마이 여신에 대한 이름은 남아있으나 그것과 관련된 제의들은 머나먼 동쪽 끝, 만주 지역에 더 구체적으로 남아있다. 초원을 관통하여 하나로 이어지는 우마이 여신에 대한 맥락을 찾아볼 수 있는 것이다. '자궁'이라는 것은 모든 것을 품고 낳는 공간이니, 우마이 여신의 최초 직능은 세상 만물을 창조하는 여신의 신격을 지닌 존재였을 것이다. 언어학적으로 아직 추적을 해보지는 못했으나,[24] 우리의 '어머니'라는 단어가 '어무이', '오마이', '오마니', '오메', '어메' 등 다양한 방언으로 불리는 것을 생각해보면, 신장알타이에서부터 만주까지, 그리고 우리나라에까지 이어지는 어머니 여신(우마이)의 흔적이 그 호칭 속에 남아있는 것이 아닐까 추측해볼 수도 있는 것이다. 그리고 만주족이나 허저족의 의례에서 볼 수 있듯, '우마이' 혹은 '오모시마마'와 관련된 의례는 초록색 나무와도 깊은 관련성을 지닌다.

---

23 우마이 여신과 주머니, 줄에 관한 구체적 논의는 김선자(2014), 「만주족 의례에 나타난 자손줄(子孫繩)과 여신, 그리고 '탯줄 상징'」, 『中國語文學論集』 第86號, 420~423쪽 참조.

24 이용성은 『돌궐비문연구』(제이앤씨, 2008)의 105쪽, 각주 96에서 우마이에 대해 설명하며, 그것이 '태(胎)'라는 뜻을 갖고 있다고 했다.

초록나무와 여신

알타이 지역에 거주하는 여러 민족들에게 나무는 생명의 상징이다. 카자흐족이나 위구르족 모두에게 나무는 어머니며 또한 생명의 상징으로 여겨진다. 위구르족의 시조가 나무에서 나왔다는 신화가 그것을 잘 보여준다. 원 대에 우집虞集(1272~1348)이 편찬한 『도원학고록道園學古錄』 권24에 실린 「고창왕세훈비高昌王世勛碑」에 보면 다음과 같은 내용이 나온다. 토라禿忽剌강과 셀렝게薛靈哥강이 만나는 곳에 나무가 있었는데, 그 나무들 사이에 햇빛이 비치더니 나무에 옹이가 생겼다. 그런데 그것이 마치 임신한 여인의 모습과 같았다고 한다. 아홉 달과 열흘이 지나자 그것이 갈라지면서 아이 다섯이 나왔다는 것이다.

이 이야기에서는 나무가 여성의 역할을, 빛이 남성의 역할을 한다. 그러니까 이것은 나무의 신성에 하늘의 신성이 합쳐진 경우다. 우리나라 주몽의 탄생신화에 보면 유화가 햇빛에 감응하여 임신하는 이야기가 나오는데, 버드'나무'라는 이름을 가진 유화와 하늘 '빛'의 결합은 위구르-몽골 지역의 신화에 보이는 것과 같은 맥락에 있는 것이 아닌가 여겨진다. 몽골 신화에도 알란 고아가 빛 속에서 늑대의 모습으로 변한 남편과 결합하여 세 형제를 낳는 이야기가 나오는데, 이 이야기에서도 중점은 '빛'에 있다. 빛을 중시하고, 빛을 선과 동일시했던 북방 초원민족들의 세계관을 보여주는 신화들인 셈이다.

나무에서 탄생한 위구르의 지도자들

13세기 페르시아 학자 주바이니가 쓴 『세계정복자사』[25]에도 비슷한 이야기

---

25 Ala-ad-Din Ata-Malik Juvaini(1958), *The History of the world-conqueror,*

가 나오는데, 툴라Tughla와 셀렝게Selenge 2개의 강 사이에 2그루의 나무가 있고, 그 나무 사이에 작은 흙언덕이 생겼다. 그런데 하늘에서 빛이 비치더니 흙언덕이 점점 커졌고, 경외의 마음을 가진 사람들이 가까이 다가가니 마치 노래를 부르는 듯 아름다운 소리가 들려왔다고 한다. 그리고 매일 밤 흙언덕에서 30보 떨어진 곳 주변에 환한 빛이 비쳤다. 그러다가 마침내 여성이 아이를 낳는 것처럼 흙언덕이 갈라지더니 5개의 천막집 같은 것이 보였고, 천막마다 아이들이 앉아있었다고 한다. 그 아이들은 입에 젖을 빨 빨대 같은 것을 물고 있었고, 천막 위에는 은그물 같은 것이 쳐져 있었다. 사람들이 그들을 신이라고 여겨 경배했다. 그런데 그 아이들이 자란 후 부모가 누구냐고 물었고, 사람들은 아이들을 데리고 나무 앞으로 갔다. 아이들이 나무 앞에 무릎을 꿇고 엎드리니 나무가 말했다.

> 품격이 고귀한 아이들아, 자주 와서 자식의 도리를 다하여라. 너희들이 장수하기를 빌며, 그 이름을 오래도록 남길 수 있길 바라노라!

5명의 테긴, 특히 모든 부족의 언어에 정통하여 칸의 자리에 추대된 부쿠칸의 탄생에 관한 이 신화에서는 물론 '빛'이 중요한 작용을 하고 있다. 그러나 나무 역시 민족의 시조를 잉태하고 낳으며 젖을 먹여 키우는 어머니의 역할을 하고 있다. 앞에서 소개한 『오구즈 칸의 전설』에도 나무에서 탄생한 소녀에 대한 이야기가 나온다. 오구즈 칸의 두 아내 중 하나가 하늘에서 내려왔다는 것은 앞에서 언급했는데, 또 한 아내는 초록빛 나무에서 나온다.

Harvard Univ. Press, pp.55~56.

어느 날, 오구즈 칸이 수렵을 하러 나갔다.
앞 쪽 호수에 나무가 한 그루 서 있었는데,
나무의 구멍 속에 한 소녀가 홀로 앉아 있었다.
참으로 아름다운 소녀였는데,
그녀의 눈은 푸른 하늘보다 더 푸르렀다.
머리카락은 흐르는 물처럼 부드러웠고,
이는 진주보다 더 하얀 색이었다.[26]

그리하여 오구즈 칸은 그 소녀를 사랑하여 혼인하게 되었고, 역시 세 아들을 낳아 각각 쾩('하늘'이라는 뜻), 타그('산'이라는 뜻), 텡기즈('바다'라는 뜻)라는 이름을 붙여주었다.[27] 이렇게 나무에서 사람이 나왔다는 이야기는 이 지역에 널리 퍼져있는 모티프다. 곽진석이 소개한 알타이 영웅서사시 「마다이-카라」에 보면 4그루의 자작나무가 어머니가 되어 어린아이-용사의 입으로 날마다 한 방울씩 자작나무 수액을 넣어주는 이야기가 나온다. 하카스족의 신화에서도 남신 울겐과 여신 우마이를 각각 나무아버지와 나무어머니로 여기는 관념이 나타난다.[28]

사실 신장알타이 지역을 비롯해서 남쪽으로 펼쳐진 드넓은 사막지대에서 살아가는 사람들에게도 가장 중요한 것은 물이었고, 물이 있는 곳에는 나무가 있었다. 그러니까 물을 빨아들여 생명의 열매를 잉태하는 나무는 그들에

---

26 耿世民(1980), 앞의 책, 18쪽.

27 이 이름들에 대해서는 서울대학교 중앙유라시아연구소 문명아카이브 「오구즈 나마」(메흐메트 욀메즈 해제, 이용성 옮김)를 참조했다.

28 곽진석(2012), 「흉노 제사의 신앙적 성격에 대한 연구」, 『동북아문화연구』 제30집, 222~223쪽.

게 그 자체가 생명의 상징이었다. 지금도 이 지역 사람들은 마자르에 갈 때 나무 묘목을 갖고 가서 마자르 주변에 심는다. 물이 부족한 초원이나 사막 지역에서 나무를 보호하고 아끼는 것은 바로 물을 보호하는 것이었다. 취약한 생존 환경을 지닌 이 지역에서 나무는 절대 훼손하면 안 되는 것이었다. 그래서 카자흐족에게는 "자손에게 1,000장의 양가죽을 남겨주는 것보다 한 그루의 나무 뿌리를 남겨주는 것이 낫다"는 속담이 전해지는 것이며, 물가의 나무에 하얀 헝겊을 묶어 건강을 기원하는 습속이 전해지고 있는 것이다.[29] 비단 나무에 대해서만 그런 것이 아니라, 물가에 있는 풀조차도 함부로 뽑아버리지 않는다. 초원을 보호하는 것은 자신의 눈을 보호하는 것과 같은 것이고, 버드나무 한 그루를 벤다는 것은 목숨 하나를 빼앗는 것과 같다는 것을, 카자흐족이라면 '두 살짜리 아이도' 알고 있다는 것이다.[30] 물과 나무, 초원의 풀은 그들에게 있어서 생존의 바탕이기 때문이다. 신화는 어쩌면 그들의 생존 환경을 지켜야 한다는 절박함에서 나온 것인지도 모를 일이다.

그림 12 카슈가르 시장에서 파는 나무로 된 아기 요람

---

29 陳祥軍(2012), 「遊牧民的生態觀與環境行爲研究」, 『原生態民族文化學刊』 第4卷 第2期, 85~86쪽.

30 陳祥軍(2012), 위의 글, 88쪽.

그림 13 신장위구르자치구 톈산의 카자흐족 여성과 아기

나무를 어머니, 즉 생명의 상징으로 보는 것은 위구르족의 의례에도 나타난다. 위구르족은 아이가 태어난 지 40일이 지나면 요람의례를 행했는데, 40일 동안 향기로운 나무를 담가놓은 물에 씻겨 나무 국자를 든 40명 아이들을 지나 나무 요람에 눕힌다. 카자흐족도 아버지나 외삼촌이 만든 나무 요람을 사용하는 습속이 있었다. 태어난 지 14일이 지났을 때 요람에 눕히면서 '요람의 노래(자장가)'를 불러주기도 한다.

> 부우베이, 부우베이, 내 흰둥이 / 양털 모자 쓴 내 아기 / 다른 누구와도 비길 데 없는 / 나만의 사랑스러운 내 아기 / 부우베이, 부우베이, 내 흰둥이 / 양털 모자 쓴 내 아기 / 다른 이에겐 못생겼어도 / 내 품속 흰둥이/ 내 눈엔 귀여운 내 불꽃[31]

---

31 바트톨가 · 이선아 번역(2009), 「카자흐족 풍속」, 『비교민속학』 제40집, 96쪽.

카자흐족 사람들은 아이가 태어나는 것은 집안뿐 아니라 마을의 경사라고 여겨 "아이가 있는 집은 시장, 아이가 없는 집은 무덤"이라는 속담이 있을 정도다. 그들 역시 아이가 태어난 후 40일이 되었을 때 빵을 만들어 사람들에게 나눠준다.

세상의 중심, 천신과 통하는 나무

앞에서 소개한 영웅 오구즈 칸 역시 아들들에게 영지를 분봉하고 권력을 나눠주는 중요한 결정을 하기 전에 성대한 의례를 행하는데, 장엄한 이 의례의 중심에도 나무가 등장한다. 천막의 오른쪽에 40탁庹(두 팔을 벌린 길이, 1탁은 한 발)[32]의 높다란 나무기둥을 세우고, 끝에 금계金鷄를 매단다. 나무 아래에는 하얀 양 한 마리를 놓는다. 천막의 왼쪽에도 40탁 높이의 장대를 세우고 끝에 은계銀鷄를 매달며, 나무 아래에는 검은 양을 한 마리 놓는다. 이것은 일종의 샤머니즘 제의다.

긴 장대(나무)라는 것은 여기서 세계의 중심이며 하늘로 올라가는 사다리를 의미한다. 특히 이 의례에서 하얀 색과 검은 색의 양이 등장한다는 점이 흥미롭다. 오른쪽에 하얀 양이 등장하고 왼쪽에는 검은 양이 등장한다. 『게세르』 서사시를 비롯하여 이 지역 몽골족의 샤머니즘 체계에서 오른쪽은 서방을 뜻하는데, 그것은 한 호르마스트 텡그리를 비롯한 55명의 선신善神들이 거주하는 곳이다. 그들은 빛과 선, 정결함 등을 의미한다. 반면, 왼쪽은 동방을 뜻하고 그곳은 아타이 울란을 비롯한 44명의 악신惡神들이 거주하는 곳

32 메흐메트 욀메즈(Mehmet Ölmez)는 이것을 '70미터'라고 해석했다. 서울대학교 중앙유라시아연구소 문명아카이브 「오구즈 나마」 해제 참조.

이다. 그들은 어둠과 악, 부정함 등을 의미한다.

날개 달린 '닭'을 장대 끝에 얹어 놓은 것은 신과의 소통을 의미한다. 어떤 학자는 그것이 샤먼의 영혼이라고 말하기도 한다. 사실 알타이 지역에서 신성한 새 혹은 샤먼의 조력자로 등장하는 새는 주로 매나 백조인데, 여기서 '닭'이 등장하는 것은 좀 낯설어 보인다. 그러나 고대 페르시아에서도 닭을 신성한 새로 여겼던 점을 생각해보면[33] 오구즈 칸 이야기에 닭이 나오는 것이 그리 이상할 것은 없다. 무엇보다 닭은 빛을 불러오는 동물이다. 중국 윈난성 지역의 창세신화를 보면 동굴 속으로 숨어버린 해를 불러내는 유일한 동물이 바로 닭으로 등장하는 경우가 많다. 닭은 그 자체가 '빛'과 관련된 동물이니 조로아스터교를 신봉하던 페르시아 지역에서 닭이 신성한 동물로 등장하는 것은 이상한 일이 아니고, 그 지역과의 깊은 문화적 연관성을 지닌 오구즈 칸의 신화에 닭이 등장하는 것 역시 이상한 일은 아니다. 그리고 장대 밑에 놓인 흰색과 검은색 양은 각각 빛과 어둠, 선신과 악신의 세계를 의미하는 것으로 보인다. 앞에서 말했듯 흑과 백의 이원구도는 페르시아 지역에서부터 중앙아시아 지역을 거쳐 신장위구르와 몽골 알타이 지역까지 폭넓게 퍼져 있는 중요한 신화적 모티프다.

신과의 소통, 버드나무와 자작나무 세우기

사실 이렇게 높은 장대를 세우는 것은 나무에 대한 유목민족들의 관념과 관

---

33 『아베스타』의 도입부에 나오는 「아후라 마즈다 송가(頌歌)」(이브라힘 푸르 다우드가 씀)에 보면, "하늘이 서서히 밝아오는데, 수탉의 울음소리가 우렁차네. 황궁 안에 둥둥 북소리가 울리고, 흑단목 위에 그릇들을 나란히 놓네"라는 대목이 등장한다. 수탉은 '빛'을 불러오는 존재인 것이다.

그림 14 내몽골자치구 하이라얼시 칭기스 칸 광장의 호숫가에 서 있는 버드나무

련이 있다. 초원을 비롯한 건조한 지역에서 커다란 나무를 보는 것은 쉽지 않은 일이다. 그래서 알타이 지역, 몽골 초원 지역에서 특히 홀로 서있는 큰 나무는 숭배의 대상이었으며, 그것은 곧 신과 소통할 수 있는 장소가 되었다. 인간은 그 나무를 통해 저 푸른 하늘의 신과 만날 수 있었다. 그래서 그들은 천막집 안에 자작나무와 버드나무를 높이 세운 뒤 샤먼의 의례를 통해 신과 만날 수 있기를 기원했다. 그리고 자신들의 소망을 실어 신에게 빌었다. 그곳에서 나무는 신에게 오를 수 있는 하늘사다리가 된다.

이러한 습속은 고대 흉노 계통 민족들에게도 있었다. 선비족이 갖고 있던 '대림蹛林'이라는 습속 역시 숲속의 나무를 둘러싸고 행해졌던 의례다. 숲이 없는 곳에서는 버들을 세우는 것으로 대신했는데 이런 습속은 고차족에게도 있었다고 한다. 몽골족의 오보 역시 돌무더기 위에 나뭇가지(버들)를 세운다.

이런 습속은 만주족에게도 보인다. 만주족 역시 새해가 되어 집안에서 가제家祭를 지낼 때 마당에 돌을 놓고 그 위에 버드나무를 세우거나 높이 솟은 장대를 세웠다. 높이 솟은 나무는 신과 인간이 만나는 장소이다. 천신과 소통하는 북방민족들의 의례에는 자작나무가 등장하는 경우도 있지만 대부분 버드나무가 등장한다. 북방지역에서 버드나무는 봄이 오는 것을 가장 먼저 알려주는 나무며 물이 귀한 곳에서도 잘 자라는, 생명력이 아주 강한 나무다. 모래땅에서도 자랄 수 있다고 하며, 흑버들 가지는 꼬아서 줄로 쓸 수도 있을 정도로 질기다. 아스피린의 주성분인 아세틸살리실산도 버들잎에서 추출한다고 하며, 히포크라테스 시절에도 임산부가 통증을 느끼면 버들잎을 씹으라고 했다고 한다.[34] 북방 샤먼의 의례에서 샤먼이 버들가지에 물을 적셔 뿌려주는 것 역시 자주 볼 수 있는 장면이다. 버드나무는 이처럼 강한 생명력과 치유의 힘을 가진 나무다. 북방 유목민족의 신화와 의례에 버드나무가 자주 등장하는 것은 다 이유가 있는 것이다.

나무에는 신성이 깃들어 있다. 그것은 나무가 갖고 있는 생명의 상징에 다름 아니다. 그러니까 제사를 지낼 때 나무를 세우거나 아니면 높다란 장대를 세우는 것은 아주 오래된 수목 숭배, 즉 나무에 생명력과 신성이 깃들어 있다고 믿던 관념의 산물이다.

---

34 김선자(2014), 앞의 글 참조. 신화나 습속과 관련된 버드나무에 대해서는 최혜영(2008), 「버드나무 신화소를 통해 본 유라시아 지역의 문명교류의 가능성 혹은 그 接點」, 『동북아역사논총』 22호 참조.

백조의 후손

몽골, 튀르크계 민족의 백조 토템은 주로 카자흐족과 부리아트의 기원신화와 관련되어 있다.

어느 날 호리다이 메르겐이 바이칼호 인근에서 사냥을 하고 있었다. 그런데 세 마리 백조가 호숫가로 오더니 날개옷을 벗고 호수에서 목욕을 하며 노는 것이었다. 호리다이 메르겐이 날개옷 한 벌을 숨겨 선녀와 혼인하고 11명의 아들을 낳았다. 후에 선녀가 날개옷을 찾아 하늘로 돌아가면서 11명의 아들에게 이름을 지어주었는데, 그들이 부리아트 11개 씨족의 조상이 되었다고 한다. 그래서 부리아트 몽골인은 스스로를 '백조의 후손, 자작나무 기둥의 사람들'이라고 말한다.

돌궐어족에 속하는 카자흐족의 백조 신화 역시 잘 알려져 있다. '카자흐'는 '하얀 백조'라는 뜻이다. 용사 카르차하데르가 원정을 가다가 병에 걸려 고비사막 위에 누워 있게 되었다. 그가 의식을 잃어갈 때, 백조가 날아와 깃털에 물을 적셔 그의 입에 넣어 주어 구해주었다. 백조는 깃털 옷을 벗고 소녀로 변하더니 그와 혼인했다. 그래서 카자흐족의 민족 호칭에는 '백조'라는 의미가 들어있다고 한다. 청년과 백조 소녀는 혼인하여 아들 셋을 낳았는데 이들이 각각 카자흐의 '우이순 쥐즈Uysun jüz(대쥐즈)', '아르근 쥐즈Argyn jüz(중쥐즈)', '알신 쥐즈Alshyn jüz(소쥐즈)'가 되었다.[35]

또 다른 전설에 의하면, 양치기 청년이 양을 치며 지내고 있었는데 어느 날 꿈속에서 백조를 보았다. 다음 날 청년이 돔블라(현악기)를 연주하니 백조

---

35 쥐즈(jüz)는 일종의 부족 연합체이다. '오르두(Ordu, 카간의 천막)'에서 유래한 단어로서 '유목민 집단'을 가리킨다.

그림 15 카자흐족 여성의 깃털 모자(신장위구르자치구 톈산)

그림 16 신장위구르자치구 톈산 톈츠(天池)

그림 17 깃털 모자를 쓰고 연주하는 카자흐족 남성

가 날아와 춤을 추었다. 그런데 초원에 갑자기 돌풍이 불더니 양들이 보이지 않는 것이었다. 청년이 당황하고 있을 때 백조가 청년을 이끌고 가서 양을 찾아 주었고, 날개옷을 벗더니 아름다운 소녀로 변했다. 청년과 백조 소녀가 혼인하여 자손이 번성해서 카자흐족이 된 것이라고 한다. 그들은 자신들의 조상을 기억하기 위해 '하얀 백조'를 민족의

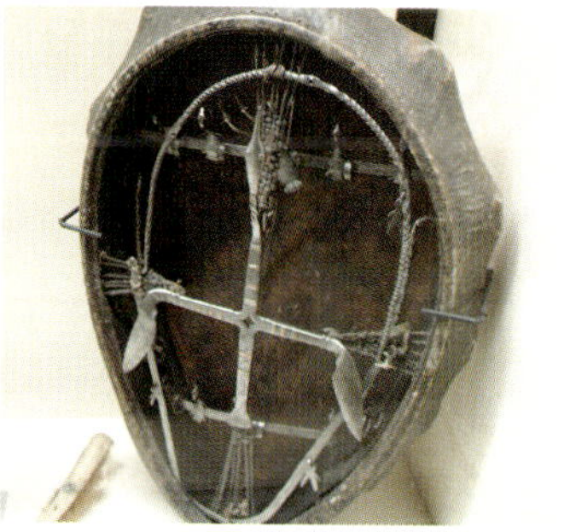

그림 18 백조 모양으로 되어 있는 샤먼의 북 손잡이(2011년 국립민속박물관 주최 국제 샤머니즘 특별전 전시품)

이름으로 삼았고, 모자 위에 백조의 깃털을 다는 습속이 대대로 전해져 내려왔다. 아이들도 가슴에 백조 깃털을 꽂으면 나쁜 것을 물리칠 수 있다는 믿음이 전해지고 있으며, '카즈'(백조)라는 이름이 붙은 마을도 있다.

또한 카자흐족의 샤먼을 박스baqsy라고 하는데, 박스는 하얀 무복巫服을 입고 백조의 깃털을 꽂은 모자를 쓴다. 박스는 코브즈qobyz라는 악기를 법기法器로 삼아 신과 소통하는데, 이 악기는 버드나무 종류의 나무를 재료로 하여 백조의 형태로 만들었다. 박스가 이처럼 백조의 모양으로 장식하는 것은 백조처럼 날아올라 신과 교통할 수 있기를 기원하는 것이다. 카자흐의 백조 신화에서 백조는 하늘의 대리인이며 또한 여성 샤먼으로 등장한다. 후대에 오면서 이 이야기의 초점이 민족의 시조인 '용사'에게 맞춰지지만, 사실 그 원형을 보면 더 중요한 것은 백조다. 여성성을 가진 백조는 늑대 신화에 등장했던 암늑대처럼 그들 민족들의 최초의 '어머니'인 것이다.

| 영웅서사시의 주인공들

알타이 산지와 초원을 배경으로 하는 지역의 자연환경은 그다지 좋지 못하다. 그렇게 척박하고 혹독한 자연환경에서 강인하고 호방한 민족성이 형성되었으며, 그것은 숭고하고 장엄한 영웅서사시로 발현되었다. 키르기스족의 마나스Manas, 우즈베크의 알파미쉬Alpamish(카자흐의 알파므스Alpamys), 몽골의 게세르Geser, 카자흐와 위구르의 오구즈 칸Oguzkhan 등은 모두 민족이 위기에 처했을 때 나타나서 민족을 위기에서 구해낸 인물이다. 모두 용감무쌍하여 전쟁을 잘하는 영웅일 뿐 아니라 거의 신적인 존재로 나타난다. 그들은 늘 백성을 사랑하고 부족의 안전을 위해 앞장서서 싸우는 모습을 보여주고 있다. 그러한 그들의 모습에는 알타이 지역 민족들이 중시하던 적극적이고 진취적인 정신이 투영되어 있다.

그래서 이 지역 민족들은 언제나 그들의 이름을 부른다. 카자흐족의 경우 영웅적인 행적을 보여주었던 조상의 이름을 구호 삼아 외치기도 한다. 15세기 이후 초원의 여러 부족을 통합한 인물의 이름을 외치기도 하며, 18세기 카자흐칸국의 지도자로서 러시아의 차르에 대항했던 "아빌라이Abilay"를 외치기도 한다. 7대 조상의 이름까지 기억하는 것을 자랑스러운 일로 여기는 카자흐족 사람들에게는 충분히 있을 수 있는 일이다. 1999년에는 카자흐공화국의 수도인 아스타나에서 영웅서사시 「알파므스」가 세상에 나온 지 1,000년이 된 것을 기념하는 국제학술회의가 열리기도 했다.[36]

이 서사시의 주인공들을 보면 물론 역사적으로 실존했던 영웅적 인물들이 모델이 되긴 했겠지만, 사실 그들은 영웅서사시의 '신화적' 주인공들이라고

---

36 黃中祥(2007), 『哈薩克英雄史詩與草原文化』, 中央編譯出版社.

보는 것이 맞을 것이다. 키르기스인의 영웅인 마나스는 힘이 장사인 인물로서, 코를 골면 바위가 부서질 정도였고 새와 동물도 날려갈 정도였다고 한다. 그의 활은 소보다 컸고, 두 눈에서는 불꽃이 나왔다고 한다. 그래서 '수사자 마나스'라는 별명을 갖고 있을 정도였다. 특정 실존인물을 모델로 했다기보다는 역사적으로 존재했던 여러 영웅적 인물들의 사적에 신화적 요소가 덧붙여져 만들어진 신화적 주인공의 모습이라 하겠다. 그러나 마나스는 이미 '키르기스인의 이상형'[37]이 되어 있고, 카자흐족과 마찬가지로 1995년에는 「마나스」 서사시가 세상에 나온 지 1,000년이 되었음을 축하하면서, 민족의 정체성과 일체감을 고양하는 데 마나스를 내세우기도 했다.

위구르의 오구즈 칸에 대해서도 여러 가지 설이 있다. 강성했던 흉노 부락의 지도자였을 것이라고도 하고, 6~7세기 돌궐이 강성했던 시기의 이스테미 카간이 모델일 것이라고도 한다. 그러나 오구즈 칸이 어떤 특정 인물을 가리킨다고 말하기는 어려울 것 같다. 여러 시대를 거치며 입에서 입으로 전승되어 오면서 여러 부족의 지도자들의 모습이 합쳐지거나 혹은 사람들이 기대하는 영웅의 모습이 덧붙여지면서 오구즈 칸이라는 신화적 주인공의 모습이 형성된 것이라고 보는 것이 합리적일 듯하다. 물론 '오구즈' 특히 '구성 오구즈'에 대해서는 돌궐어 비문인 퀼테긴비나 빌게카간비에도 등장하고 있으며, 11세기 마흐무드 카슈가리가 쓴 『튀르크어대사전』에도 언급되어 있다. 오구즈에게는 22개의 부락이 있는데, 위구르족 중에서 가장 큰 분파라는 것이다. 그러나 위구르는 오구즈의 한 분파일 뿐이며, 오구즈는 카자흐·투르크메니스탄·우즈베크 등 여러 민족의 공통 시조라고 말하기도 한다. 어쨌든 오구즈

---

37 정세진(2011), 「카자흐 문화 정체성 연구 – 역사, 전통, 그리고 상상의 공동체의 개념을 중심으로」, 『노어노문학』 제23권 4호, 372쪽.

칸이 승리한 후에 그에게 협조했던 부락들을 '위구르'라 칭했다고 한다. 그러니까 이 이야기는 여러 돌궐 부락이 하나로 통합되는 과정에서 활약했던 걸출한 지도자에게 여러 가지 신화적 이야기들이 덧붙여지면서 형성된 것이 아닌가 생각한다. 하지만 그 안에는 그들이 고대로부터 전승해온 다양한 신화적 모티프가 등장하는데, 앞에서 소개한 푸른 늑대라든가 하늘과 나무에서 탄생한 오구즈의 두 아내에 대한 이야기 등이 그것이다.

이밖에도 위구르 신화에 전승되는 영웅적 주인공 엘리 쿠르반Eli kurban의 이야기 역시 다양한 소재를 담고 있다. 어머니와 함께 산에 땔감을 베러 갔던 여인 마리크가 하얀 곰에게 잡혀 동굴 속으로 들어가 살면서 아들을 낳게 된다. 그 아들의 이름이 엘리 쿠르반인데, 어머니가 곰에게 잡혀왔다는 사실을 알고 나서 어머니와 힘을 합쳐 곰을 죽인 뒤 어머니의 고향으로 돌아간다. 이 이야기는 만주 지역의 오로첸족에게 전승되는 암곰과 청년의 혼인 이야기와 흡사하지만, 여기서는 숫곰을 죽이고 어머니의 고향으로 돌아오는 주인공이 등장해 모계사회의 흔적을 보여준다. 엘리 쿠르반은 무척이나 용감해서 사람들을 위해 호랑이들을 없애줄 뿐 아니라 왕의 명령을 받아 마왕의 나라로 가서 수많은 모험의 과정을 거친 뒤 그곳을 평정하고 돌아온다. 그러나 그는 전쟁터의 정복영웅이 아니라 사람들을 위해 나쁜 것들을 없애주고 고향마을로 돌아가는, 의로운 신화적 영웅의 모습을 보여주고 있다.

흥미로운 것은 이러한 영웅들에게 언제나 선량하고 지혜로운 여인들이 곁에 있는데, 그들 역시 민족이 위기에 처했을 때에는 용감하게 앞장선다는 점이다. 물론 영웅서사시에서 여성의 모습은 주로 남성의 조력자 역할로 나타나고 있다. 오구즈 칸의 경우만 보더라도, 오구즈 칸은 태어나자마자 어머니의 초유를 먹고 난 뒤 어머니의 젖을 거부한다. 두 아내가 하늘에서 내려오고 나무에서 탄생하지만, 그녀들에게는 어떤 적극적 역할도 부여되어 있지 않다. 게세르의 아내가 아무리 출중한 능력을 갖고 있다고 해도 결국은 게세르의 조력자 역할을 하고 있을 뿐이다. 그럼에도 불구하고 영웅서사시에 등장하는 여성들의 모습에는 고대 창세여신의 위대한 신격이 남아있다. 마나스의 아내는 적이 침입해올 때 하얀 전포戰袍를 입고 하얀 말을 타고 앞장선다. 게세르의 아내 역시 활과 화살을 들고 갑옷을 입고 나서며, 알파므스의 아내 역시 여러 차례에 걸쳐 적과 싸운다. 북방 유목민족이나 수렵민족들에게 있어서 여성은 그저 집 안에 조용히 머무는 순종적인 존재들이 아니었다. 남편이 위기에 처해 있을 때에는 지혜와 용기로 남편을 구해내는 적극적인 모습을 보여주는데, 영웅서사의 시대에도 고대 창세여신들의 위대한 신격이 사라지지 않고 있음을 보여준다.

알타이, 동서의 신화를 이이 주는 '황금'처럼 소중한 땅

'신장 알타이'는 알타이산맥의 남쪽인 현재 중국의 신장위구르자치구 북서부 지역을 가리킨다. 이곳은 현재 이리伊犁카자흐족자치주에 속해 있으며, 카자흐족·후이족·위구르족·몽골족 등이 거주한다. 이 지역은 서쪽으로 카자흐스탄, 키르기스스탄으로 이어지며, 산맥 너머로는 시베리아와 몽골의 또 다른 '알타이'가 펼쳐진다. 이 지역은 암각화와 석인상 등 이미 고고학적으로도 많은 것을 공유하는 곳이라고 밝혀졌지만, 특히 카자흐족을 비롯한 여러 민족들이 전승해온 많은 신화적 모티프들이 공유되는 지역이라는 점에도 주목해야 한다. 초원 실크로드의 중요 길목에 자리한 이곳은 일찍부터 서아시아와 동아시아를 잇는 요충지였기에 다양한 신화적 모티프가 교차되는 곳이었다.

예를 들어 신장 알타이는 페르시아 고원지대에서 시작된 조로아스터교를 비롯한 마니교 등이 중국 땅으로 들어오는 주요 노선에 자리하고 있어서, 흑과 백의 대립구도를 가진 신화들이 눈에 띄게 나타난다. 그런데 '길'이라는 것은 거미줄처럼 이어지는 것이어서, 사람들은 초원길을 통해 유라시아 대륙의 동쪽 끝 만주 지역까지, 또한 알타이 남쪽으로 톈산산맥, 쿤룬산맥 등을 넘어 티베트와 칭하이성 쪽으로도 이동했고, '신화' 역시 그 길을 따라 뻗어 나갔다. 그래서 신장 알타이 지역의 흑과 백의 대립구도에 관한 신화를 알게 되면 만주와 중국 윈난성 지역의 비슷한 구도를 가진 신화들에 대해 제대로 이해할 수 있게 된다.

이른바 '알타이어족'이라는 것의 실체가 있느냐에 대한 논의들이 여전한 상황이긴 하지만, 유라시아 대륙의 중심부인 신장 알타이는 분명 서아시아와 동아시아의 신화적 요소들이 만나는 아주 중요한 지역이다. 신장 알타이 초원지대를 비롯해 산맥 너머 몽골 지역에 두루 분포하고 있는 튀르크 석인상과 몽골 석인상들의 유사한 점에 관한 연구가 이미 상당히 진행되어 있고, 나아가 우리나라 제주도의 석인상인 돌하르방과의 관계까지 논의되고 있는 상황 아닌가. 신화의 세계는 더욱 그러하다. 이야기의 세계에는 경계가 없다. 주몽의 어머니 유화의 이름에 들어 있는 '버드나무'는 만주족의 버드나무 여신과 관련이 있는 것처럼 보이고, 나아가 몽골초원에도, 알타이 지역에도 버드나무와 관련된 신화들이 존재한다. 우리가 살고 있는 이 땅에 전승되고 있는 것과 비슷한 신화적 모티프들이 알타이 지역에서도 발견되는 것은 하나도 이상한 일이 아니다. 사람은 언제나 길 저 너머를 꿈꾸어 왔으니까. 신장 알타이 지역의 다양한 신화들은 유라시아 대륙의 동쪽과 서쪽이라는 공간의 거리를 뛰어넘어, 또한 고대와 현대라는 시간의 거리를 뛰어넘어, 이곳과 그곳의 '사람'들을 만나게 할 것이다.

신장 알타이의 언어

이용성(서울대학교 아시아언어문명학부 강사)

4

알타이 지구의 민족과 언어

2010년 11월 1일에 실시한 제6차 전국인구조사 결과를 보면, 신장위구르자치구 일리카자흐자치주伊犁哈薩克自治州의 인구는 248만 2,592명이었는데, 이 중 알타이 지구 인구는 60만 3,283명이었고 인구 순으로는 카자흐족·한족·후이回족·위구르족·몽골족·둥샹東鄉족·타타르족·살라르족·러시아족·티베트藏족 등 36개 민족이 거주하고 있다. 카자흐족이 32만 8,152명, 한족이 23만 2,563명이어서 이 두 민족이 알타이 지구에서 절대 다수를 차지하고 있음을 알 수 있다. 이 중 몽골족 인구수에는 튀르크계인 투바족이 2,600명 정도 포함되어 있다. 투바족은 중국에서 별개의 소수민족으로 인정되지 않고 몽골족으로 분류되기 때문이다.

중화인민공화국의 소수민족은 대개 자신들의 언어뿐만 아니라 공용어인 표준 중국어(부통화普通話)도 잘 알고 있다. 알타이 지구의 대표적인 민족 10개를 언어 계통에 따라 분류해 보면 다음과 같다.

1. 튀르크계: 카자흐족, 위구르족, (투바족), 타타르족, 살라르족
2. 중국-티베트계: 한족, 후이족, 티베트족
3. 몽골계: 몽골족, 둥샹족
4. 인도-유럽계: 러시아족

튀르크계

카자흐족 Kazakh, 哈薩克

카자흐족은 몽골족이 중앙아시아를 석권한 뒤에 생긴 튀르크-몽골의 혼혈

그림 1 카자흐인의 유르트(카나스)

족이다. 전 세계에는 1,400만 명 정도의 카자흐족이 있다. 카자흐족의 90% 이상은 옛 소련 지역에 거주하고 있다. 카자흐스탄에 1,124만 4,547명(2014년 1월 1일 추정), 중국에 146만 3,012명(2010년), 우즈베키스탄에 80만~110만 명 정도, 러시아연방에 64만 7,732명(2010년), 몽골에 10만 1,526명(2010년, 특히 서쪽 끝의 바얀 울기 아이막Bayan-Ölgii aimag에 거주), 투르크메니스탄에 8만 8,752명(1995년), 키르기스스탄에 3만 3,701명(2014년), 터키에 3만 명 정도(1950년 이후 이주자), 이란에 1만 5,000명 정도가 있다.

카자흐족은 중국 정부가 인정한 55개 소수민족 중 하나다. 특히 신장위구르자치구 북부의 일리카자흐자치주에 집중 거주하고 있고, 그 밖에 간쑤성甘肅省의 악사이카자흐족자치현阿克賽哈薩克族自治縣, 신장위구르자치구의 바르쾰카자흐자치현巴里坤哈薩克自治縣과 모리카자흐자치현木壘哈薩克自治縣에도 거주한다. 카자흐족은 대부분 이슬람교도다.

카자흐어는 타타르Tatar어, 바슈키르Bashkir어, 카라칼파크Karakalpak어, 노가이Nogay어, 카라차이-발카르Karachay-Balkar어 등과 함께 튀르크어의 큽차크Kypchak 그룹에 속한다. 크게 동북·남부·서부 방언으로 나뉘지만, 방

그림 2 **부르친 터미널** 오른쪽에 카자흐어 이름이 보인다.

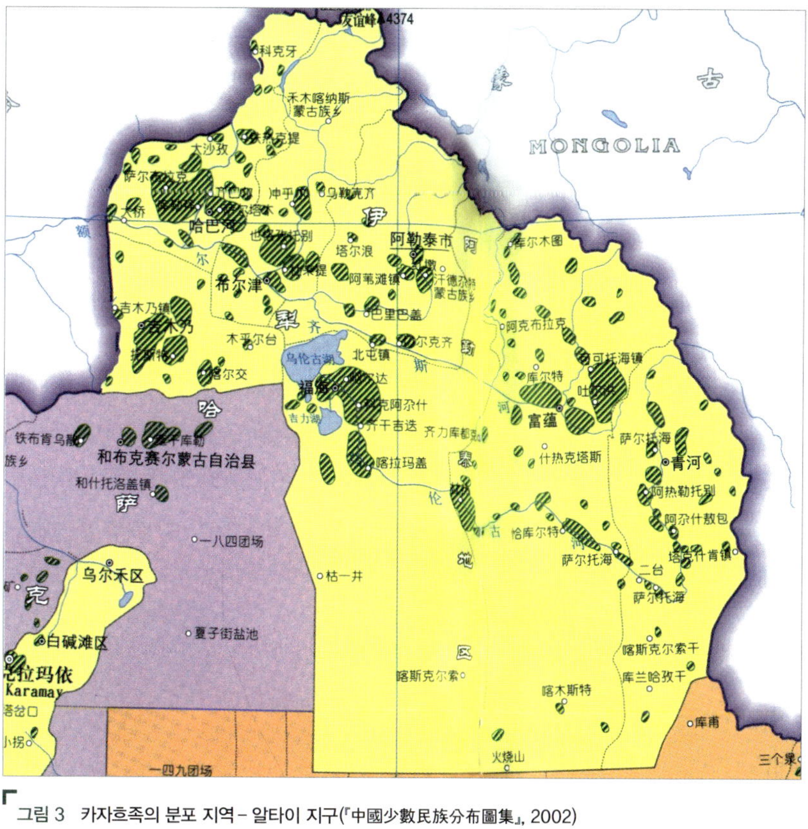

그림 3 카자흐족의 분포 지역 – 알타이 지구(『中國少數民族分布圖集』, 2002)

언 차이가 크지 않다. 옛 소련 지역의 카자흐족은 오랫동안 러시아어의 영향을 받았기 때문에, 카자흐족은 모어인 카자흐어보다도 러시아어를 더 잘 구사한다. 카자흐족의 50% 정도는 카자흐어를 제대로 구사하지 못하는 것으로 알려져 있다.

옛 소련 지역에서 카자흐어는 19세기 말에 문어가 되었다. 1929년까지는 아랍문자, 1929~1940년에는 라틴문자로 표기되었고, 1940년부터는 키릴문자로 표기되고 있다. 몽골에서도 키릴문자로 표기된다. 중국에서는 1965~1982년에 라틴문자로 표기되었다가 1982년 이후에 아랍문자로 표기된다.

위구르족 Uyghur, 維吾爾

1921년에 동투르키스탄(즉, 오늘날의 신장위구르자치구) 일대의 튀르크어 사용자들을 고대 위구르족의 직계후손이라고 가정하여 이들에 대한 통칭으로 위구르Uyghur라는 이름이 도입되었다. 그렇지만 이들은 고대 위구르족의 직계후손이라기보다는 몽골에서 840년에 키르기스족에게 위구르제국이 무너진 뒤 타림분지로 이주한 위구르족과 그곳의 여러 토착 종족이 혼혈하여 생긴 다양한 집단이다. 현대 위구르어는 이를 반영하듯 방언이 많다. 이들 집단은 거주지의 이름을 따라 불렸으며, 위구르라는 이름은 오랫동안 사용되지도 않았다. 서양에서는 동투르키스탄 일대의 튀르크어 방언들을 흔히 Eastern Turki(또는 East Turki)라고 불렀다. 위구르라는 명칭은 1934년에 중화민국 신장성 정부가 채택하였고, 그 뒤에 중국 공산당도 이 명칭을 계속 사용하여 정착되었다. 위구르족은 중국 정부가 인정한 55개 소수민족 중 하나고, 중국의 5대 민족 가운데 하나다. 위구르족은 대부분 이슬람교도다.

전 세계에는 1,100만 명 정도의 위구르족이 있다. 위구르족의 거의 대부분은 중국, 특히 신장위구르자치구에 거주한다. 중국에 1,007만 1,394명(2010

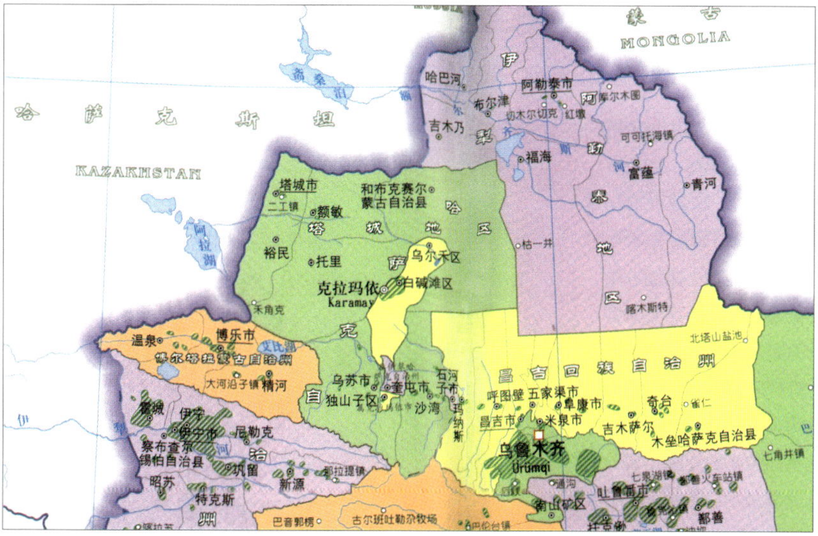

ᒥ그림 4 위구르족의 분포 지역 – 중가르분지(『中國少數民族分布圖集』, 2002)

년), 카자흐스탄에 23만 7,582명(2012년 1월 1일 추정), 키르기스스탄에 5만 2,456명(2014년), 우즈베키스탄에 5만 5,220명(2008년), 터키에 1만 9,300명 정도(2010년), 러시아연방에 3,696명(2010년), 파키스탄에 3,000명 정도(2009년) 있다.

위구르어는 중국 신장위구르자치구를 중심으로 인근의 카자흐스탄, 키르기스스탄 등에서도 사용하는 튀르크계 언어로서 고대 위구르어와 구별하기 위해 신위구르어New Uyghur 또는 현대 위구르어Modern Uyghur라 불린다. 우즈베크어와 밀접한 관계에 있는데, 이 두 언어 사용자는 서로 의사소통이 잘 되는 것으로 알려져 있다. 신위구르어는 크게 남부 방언들과 북부 방언들로 나뉜다. 이들 방언 외에도 로프노르Lopnor방언, 호탄Khotan방언도 있다. 남부 방언들을 바탕으로 위구르문어가 만들어졌다. 위구르어는 신장위구르자치구에서 중국어와 더불어 공식 언어다.

중국에서 위구르어는 1960년까지 아랍문자, 문화혁명기에는 라틴문자로 표기되었으나 1983년 이래 아랍문자를 개량하여 쓴다. 옛 소련 지역에서는 1930년까지 아랍문자, 1930~1947년에는 라틴문자로 표기되었고, 1947년부터는 키릴문자로 표기되고 있다.

투바족 Tuva, 圖瓦

투바족은 러시아연방의 투바공화국을 중심으로 인근의 몽골, 중국 신장위구르자치구 북부 등에 거주한다. 2010년 러시아 인구조사에 따르면, 투바족은 26만 3,934명, 투바어를 아는 사람은 25만 3,673명이다. 투바족의 일족인 토주Tožu족은 1,858명이다. 몽골에 5,169명(2010년)의 투바족이 거주한다. 투바족은 몽골족의 영향을 많이 받아서 샤머니즘과 함께 불교(라마교)를 믿는다.

중국 신장위구르자치구에서는 일리카자흐자치주의 알타이 지구에 속하는 부르친현布爾津縣과 하바허현哈巴河縣의 몇몇 마을에 2,600명(4,000명이라 하는 출처도 있음)의 투바족(쾨크몬차크Kök Monchak족)이 대개는 카자흐족과 함께 거주한다. 대표적인 마을로는 부르친현의 홈－카나스몽골민족향禾木喀納斯蒙古民族鄉의 홈Khom, 카나스Kanas 및 하바허현의 테렉티향鐵熱克提鄉[Tiěrèkètí는 카자흐어 Terekti를 한자로 표기한 것이고, Terekti는 Terek(포플러 나무) + －ti(~이 있는)로 분석됨]의 악카바阿克哈巴가 있다. 그런데 투바족은 중국에서는 공식적으로는 별개의 소수민족으로 인정되지 않고 몽골족으로 분류된다. 이들은 자신들의 문어가 없기 때문에 젊은 세대는 (차하르) 몽골 학교나 카자흐 학교에서 교육을 받고 있다. 이 지역의 투바족은 투바어 외에도 중국어·카자흐어·(차하르) 몽골어를 안다. 그렇지만 노인들은 중국어를 잘 모른다.

투바어는 투바공화국 안에서는 중앙·서부·동북(Tožu)·동남 방언이 있다. 1930년경에 중앙 방언을 토대로 투바 문어가 만들어졌다. 처음에는 라틴

그림 5 홈(촬영: 잔나 유샤)

그림 6 카나스

그림 7 악카바

문자로 표기되었지만, 1941년부터는 키릴문자로 표기되고 있다. 투바어와 관련된 언어로 중국(의 신장위구르자치구)에는 쾨크 몬차크Kök Monchak어, 몽골에는 두하Dukha, Tsaatan어, 우이구르-우량하이Uyghur-Uriankhai어, 쳉겔 투바Tsengel Tuvan어, 러시아연방의 부리아트공화국에는 소요트Soyot어, 이르쿠츠크주에는 토파Tofa어가 있다.

투바어와 관련된 방언·언어는 이른바 '사얀 튀르크어Sayan-Turkic'로 총칭될 수 있고, 다음과 같이 크게 둘로 나뉜다.

- 스텝 지역의 언어: ① 투바공화국 투바족의 방언들, ② 몽골의 서쪽 끝 바얀 울기Bayan-Ölgii 아이막의 쳉겔 지구에 사는 투바족의 방언, ③ 중국(의 신장위구르자치구) 투바족(쾨크 몬차크족)의 언어

• 타이가 지역의 언어: ① 투바공화국의 테레-횔Tere-Khöl 지구의 방언, ② 투바공화국의 토주Tožu 방언, ③ 이르쿠츠크주의 토파Tofa어, ④ 소요트-두하Soyot-Dukha어, ⑤ 몽골의 우이구르-우량하이Uyghur-Uriankhai어

투바어는 이란의 할라지Khalaj어처럼 튀르크 조어Proto-Turkic의 어중·어말의 'd'를 체계적으로 유지하고 있다. 몽골어 차용어가 아주 많다.

타타르족Tatar, 塔塔爾

8세기 초에 돌궐제국이 남긴 몽골의 오르콘Orkhon 비문에 오투즈 타타르Otuz Tatar(30 타타르), 토쿠즈 타타르Toquz Tatar(9 타타르)로 나오는 타타르족은 몽골계로 여겨진다. 타타르는 중국 사서에는 달단韃靼으로 기록되어 있는데, 예전에 몽골 동부에 살던 몽골계 유목민을 가리키다가 명 대 이후로는 몽골 지방 또는 몽골 민족 전체를 가리키게 되었다. 러시아 등에서는 16세기 중반 이후에 튀르크계 이슬람교도들을 가리키는 명칭이 되었다. 오늘날에는 이 명칭으로 불리는 튀르크계 민족으로 카잔타타르족과 크림타타르족이 있다. 흔히 카잔타타르족 및 이들의 언어와 비슷한 언어를 사용하는 사람들을 타타르족이라고 한다. 이 타타르족은 볼가불가르족이 몽골제국의 큽차크 튀르크족 및 몽골족 부족들과 혼혈하여 생긴 튀르크 민족으로 여겨진다.

전 세계에는 700만 명 정도의 타타르족이 있다. 러시아연방에 531만 649명(2010년), 3만 4,822명(2010년, 크랴셴타타르족), 8,148명(2010년, 나가이배크족), 우즈베키스탄에 32만 4,080~66만 5,000명(2002년 추정), 카자흐스탄에 20만 4,229명(2009년), 우크라이나에 7만 3,304명(2001년), 투르크메니스탄에 3만 5,501명(1995년), 키르기스스탄에 2만 8,059명(2014년), 아제르바이

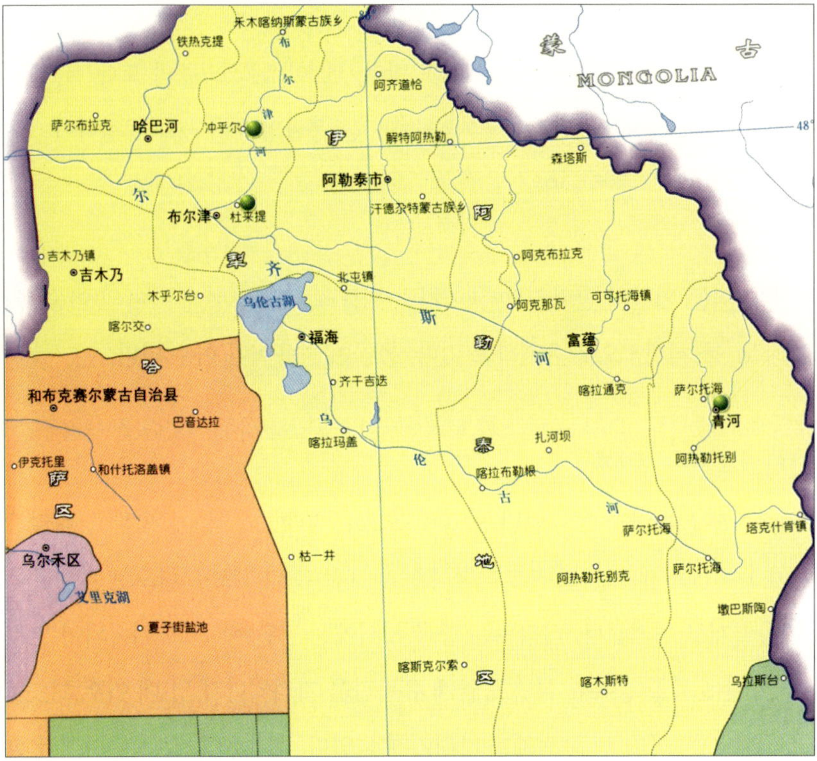

그림 8 타타르족의 분포 지역 - 알타이 지구(『中國少數民族分布圖集』, 2002)

잔에 2만 5,900명(2009년), 터키에 2만 5,000명 정도, 이스라엘에 1만 5,000명 정도, 벨로루스에 7,316명(2009년), 타지키스탄에 6,495명(2010년), 중국에 3,562명(2010년)이 있다.

타타르족의 대부분은 이슬람교도다. 그리스정교로 개종한 타타르족으로는 크랴셴타타르Kryashen Tatars, Kryashens; кряшены krjašeny족과 나가이배크Nagaybaks; Нагайбаки nagajbaki, ногайбаки nogajbaki족이 있다. 러시아의 소설가 투르게네프Ivan Sergejevič Turgenev(1818~1883)는 크랴셴타타르족 출신이다. 그의 성씨는 타타르어로 Türgenev다.

타타르족은 1881년 2월 12일에 러시아와 청 사이에 체결된 상트페테르부르크조약(일리 조약)을 계기로 신장위구르자치구의 러시아 국경 지역인 일리Ili나 타르바가타이Tarbaghatai, 塔城로 진출하여 거주지를 형성했다.

중국 지역의 타타르족은 중국 정부가 인정한 55개 소수민족 중 하나다. 신장 북부 지역에 거주하는데, 1990년만 해도 4,873명의 인구 중 모어 사용자가 1,000명 정도에 지나지 않았다. 2000년의 인구조사에서는 4,501명, 2010년의 인구조사에서는 3,562명으로 인구가 계속 줄고 있는 것으로 나타났다. 2010년에 타타르족의 인구는 알타이 지구에서 534명이었다. 이들의 언어는 같은 튀르크계의 위구르어와 카자흐어의 영향을 많이 받았다고 알려져 있다. 위구르어가 이들의 제1언어가 되었다고 한다. 그래서인지 필자가 2005년 4월에 부르친布爾津의 시장에서 만난 타타르인 상인 아주머니는 타타르어를 전혀 하지 못한다고 했다.

타타르어는 카자흐Kazakh어, 바슈키르Bashkir어, 카라칼파크Karakalpak어, 노가이Nogay어, 카라차이–발카르Karachay–Balkar어 등과 함께 튀르크어의 큽차크Kypchak 그룹에 속한다. 특히 바슈키르어와 아주 비슷하다. 크게 중앙 방언(카잔Kazan 방언), 서부 방언(미셰르Misher 방언) 및 동부 방언(시베리아 방언)으로 나뉜다. 타타르족은 19세기 중엽까지 중앙아시아의 대표적인 튀르크 문어인 차가타이어를 자신들의 문어로 사용하다가 19세기 말에 카잔 방언을 기초로 타타르 문어를 만들었다. 1927년까지 아랍문자, 1927~1939년에는 라틴문자로 표기되었지만, 1939년부터는 키릴문자로 표기되고 있다.

살라르족Salar, 撒拉

14세기에 오늘날의 우즈베키스탄 사마르칸트Samarkand 지역의 오구즈Oghuz 튀르크어 사용자 집단이 중국 내의 현 거주지로 이주하여 티베트족·한족·

그림 9 **살라르족의 거주지 멍다(孟達, Mèngdá)** 가운데를 흐르는 강은 황하다.

그림 10 **살라르족의 중심지 순화**

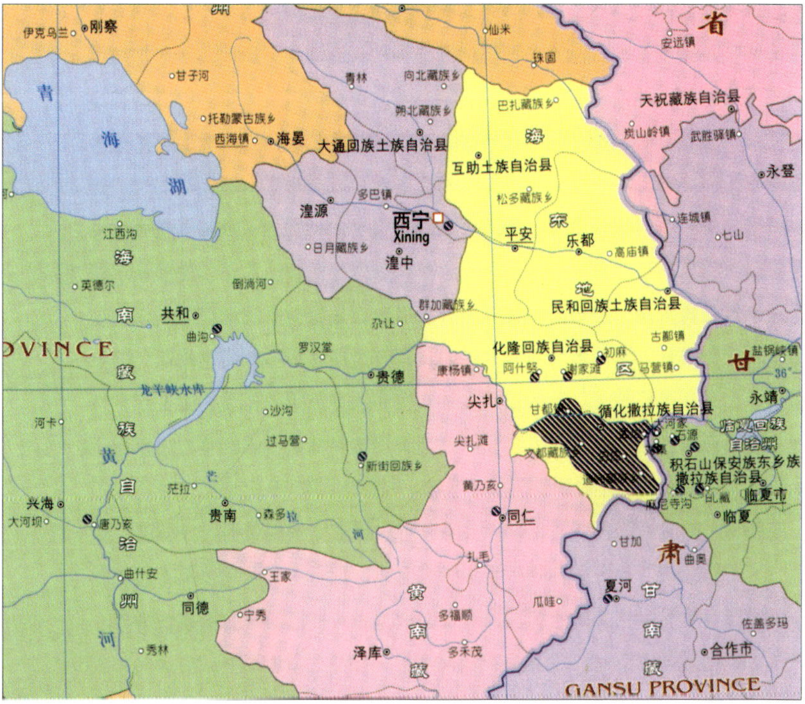

그림 11 살라르족의 분포 지역 – 칭하이성 일대(『中國少數民族分布圖集』, 2002)

후이족과 혼혈하면서 살라르족으로 발전했다. 살라르족은 이슬람교를 믿는다. 오구즈 튀르크어에 속하는 다른 언어로는 터키어·아제르바이잔어·튀르크멘어·가가우즈어·호라산 튀르크어·카시카이어 등이 있다.

살라르족은 중국 정부가 인정한 55개 소수민족 중 하나다. 중국 칭하이靑海성의 순화살라르족자치현循化撒拉族自治縣을 중심으로 바로 인근의 칭하이성 화롱후이족자치현化隆回族自治縣과 간쑤甘肅성의 지시산보안족·둥샹족·살라르족자치현積石山保安族東鄕族撒拉族自治縣에도 거주한다. 신장위구르자치구의 일리카자흐자치주에도 소수가 거주한다.

2010년 11월 1일에 실시한 제6차 전국인구조사 결과를 보면, 살라르족

「그림 12 살라르족의 분포 지역–신장위구르자치구(『中國少數民族分布圖集』, 2002)

의 인구는 13만 633명이고, 10만 7,089명(81.98%)이 칭하이성, 1만 3,517명(10.35%)이 간쑤성, 3,728명(2.85%)이 신장위구르자치구에 거주한다. 나머지는 중국 전역에 흩어져 있다.

살라르어는 크게 칭하이 방언과 일리 방언으로 나뉜다. 칭하이 방언은 티베트어와 중국어, 일리 방언은 위구르어와 카자흐어의 영향을 많이 받았다. 살라르어는 문어가 되지 못했고, 살라르족의 30% 정도만 모어로 사용하고 있으므로 절멸할 가능성이 있다. 티베트어와 중국어漢語를 모두 알고 있는 살라르인이 많다. 필자가 2006년 8월에 칭하이성의 시닝西寧에서 만난 살라르인 자료 제공자들은 나이가 어릴수록 한어 어휘를 많이 사용하고 있었다.

살라르어는 흔히 위구르어 방언의 하나로 여겨지지만, 터키어가 속하는 오구즈 그룹의 특징을 많이 지니고 있는 등 위구르어와는 상당히 다르다.

한족 漢族

2010년 11월 1일에 실시한 제6차 전국인구조사 결과를 보면, 중화인민공화국의 인구는 13억 3,972만 4,852명이고 이 중에서 한족은 12억 2,593만 2,641명으로 91.51%를 차지했다. 한족은 세계에서 가장 인구가 많은 민족이지만, 아주 넓은 지역에 걸쳐 있기 때문에 신체적으로나 언어적으로 서로 차이가 많이 난다.

1949년 신장 지역에서 한족의 인구는 5.5%에 지나지 않았다. 1949년 이후 중화인민공화국 정부는 이곳의 북부 지역인 중가르분지로 한족을 많이 이주시켰다. 그리하여 한족과 후이족이 우루무치Ürümqi, 烏魯木齊 같은 중가르

그림 13 장기를 두는 한족 이주민들(부르친)

분지의 도시 인구 대부분을 차지하게 되었다. 1980년대에는 한족의 90%가 중가르분지에 살았다. 1990년대 중반에 위구르족은 신장의 남부, 즉 타림분지에서 인구의 90%를 차지했다.

1950~1970년대에는 신장위구르자치구로 이주한 사람의 92%가 한족, 8%가 후이족이었다. 그리하여 1953년 인구조사에서는 신장위구르자치구 인구의 6%가 한족이고 75%가 위구르족이었지만, 1964년에는 33%가 한족이고 54%가 위구르족이었다가 1978년에는 40%가 한족이고 46%가 위구르족이었다. 이 비율은 현재까지도 대체로 유지되고 있다.

신장위구르자치구의 인구는 2010년에 2,181만 3,334명으로 2000년의 1,845만 9,511명보다 335만 3,823명이 늘어났는데, 이 중에서 한족의 인구는 2000년의 748만 9,919명에서 2010년에는 874만 6,148명으로 125만 6,229명이 늘어났다.

2010년에 한족의 인구는 일리카자흐자치주에서 87만 4,379명(35.22%), 알타이 지구에서 23만 2,563명(38.55%)이었다.

후이족回族

후이족은 당 대에서 원 대까지 중앙아시아나 인도양을 거쳐 건너 온 아랍계, 페르시아계의 이슬람교도 상인들과 그들과 통혼하여 이슬람교로 개종한 한족의 혼혈로 생겨난 것으로 추정된다. 자신들만의 언어가 없어 한어漢語를 일상생활에서 사용한다. 한족과는 종교만 다르므로, 간단히는 '중국인(즉, 한족漢族) 이슬람교도'라고 할 수 있다. 후이족은 중국 전역에 거주하는데, 특히 서북부의 닝샤후이족자치구·간쑤성·칭하이성·신장위구르자치구에 많이 산다.

후이족은 중국 정부가 인정한 55개 소수민족 중 하나다. 2010년 11월 1일에 실시한 제6차 전국인구조사 결과를 보면, 후이족의 인구는 1,059

그림 14 거리에서 음식을 파는 후이족(우루무치)

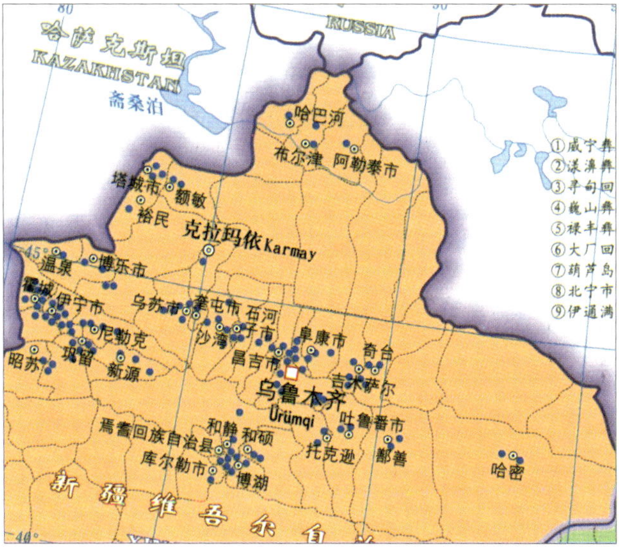

그림 15 후이족의 분포 지역 – 신장위구르자치구(『中國少數民族分布圖集』, 2002)

만 5,946명이다. 이들 중 20.52%는 닝샤후이족자치구, 11.88%는 간쑤성, 9.28%는 신장위구르자치구, 9.04%는 허난성, 7.87%는 칭하이성, 6.59%는 윈난성, 5.38%는 허베이성에 거주하고, 나머지는 중국 전역에 흩어져 있다. 후이족은 중국에서 가장 널리 흩어져 사는 소수민족이다.

2009년의 추산을 보면, 신장위구르자치구에서 후이족 인구는 98만 359명이었다. 위구르족·한족·카자흐족에 이어 4번째로 인구가 많다. 후이족은 주로 중가르분지에 거주한다. 2010년에 후이족 인구는 일리카자흐자치주에서 27만 7,238명(11.17%), 알타이 지구에서 2만 3,656명(3.92%)이었다.

중국과 중앙아시아의 튀르크족과 19세기의 서양 작가들은 중국 서북부의 후이족을 둥간Dungan, 東干 또는 퉁간Tungan이라 했다. 신장에서 둥간혁명(1862~1877)으로 알려진 무슬림 반란이 실패하자 후이족의 일부가 러시아제국(오늘날의 키르기스스탄과 카자흐스탄)으로 이주했다. 이들의 후손을 둥간이라 한다. 둥간족은 오랫동안 중국과 단절되어 있었기 때문에, 그들의 언어는 이웃한 러시아어와 여러 튀르크어의 영향을 많이 받았다. 옛 소련에서는 간쑤 방언을 토대로 하여 둥간 문어가 발전했다. 오늘날 둥간어는 주로 키르기스스탄에서 사용되고 카자흐스탄, 우즈베키스탄 및 러시아연방에도 사용자가 있다. 둥간족의 인구는 12만 명으로 추산되는데, 키르기스스탄에 6만 4,565명(2014년), 카자흐스탄에 5만 1,944명(2009년), 우즈베키스탄에 3,000명 정도(2006년 추정), 러시아연방에 502명(2010년)이 있다. 필자가 2008년에 러시아연방 하카스공화국에서 하카스Khakas어를 조사할 때에 묵었던 호텔에 근무한 러시아인 여직원의 남편 성이 '첸'이었는데, 둥간족 출신인 듯하다.

그림 16 쿰붐사(塔爾寺)의 스님들(칭하이성 시닝 인근)

티베트족 Tibet, 藏

티베트족은 중국 정부가 인정한 55개 소수민족 중 하나다. 티베트족은 중국에서는 티베트고원에 있는 티베트자치구와 칭하이성 및 인근의 쓰촨성 서부, 윈난성 북부, 간쑤성 서남부에 거주한다. 신장위구르자치구에도 거주한다. 티베트족은 인근의 히말라야 산맥 지역, 즉, 인도·네팔·부탄·미얀마에도 산다. 티베트족은 티베트불교(속칭 라마교)를 믿는다.

2010년 11월 1일에 실시한 제6차 전국인구조사 결과를 보면, 티베트족의 인구는 628만 6,487명이다. 이들의 44.8%는 티베트자치구, 23.4%는 쓰촨성, 20.1%는 칭하이성, 8.2%는 간쑤성, 2.4%는 윈난성에 있다. 티베트족이 인구에서 차지하는 비율은 티베트자치구에서 92.77%, 칭하이성에서 22.53%, 간쑤성에서 1.76%, 쓰촨성에서 1.54%다.

그림 17　칭하이호

그림 18　내몽골자치구의 수도 호흐호트의 거리

티베트족의 인구는 신장위구르자치구에서 6,153명(2009년 추산), 알타이 지구에서 241명(2010년)이었다.

티베트어는 티베트 문자로 표기한다.

몽골계

몽골족Mongol, 蒙古

몽골족은 중국 정부가 인정한 55개 소수민족 중 하나다. 2010년 11월 1일에 실시한 제6차 전국인구조사 결과를 보면, 중화인민공화국에서 몽골족의 인구는 599만 779명이었다. 이 숫자에는 몽골계 부리아트족과 오이라트족, 튀르크계 투바족도 포함되어 있다. 이들 몽골족의 68.7%는 내몽골자치구,

그림 19 몽골족의 분포 지역 – 신장위구르자치구(『中國少數民族分布圖集』, 2002)

11.5%는 랴오닝遼寧성, 3%는 지린성, 2.9%는 허베이성, 2.6%는 신장위구르자치구, 2.4%는 헤이룽장성, 1.5%는 칭하이성, 1.4%는 허난성에 거주한다. 몽골족의 인구는 알타이 지구에서 5,376명(2010년)이었다.

신장위구르자치구에는 몽골족의 이름을 지닌 2개의 자치주와 1개의 현이 있는데, 이름과는 달리 이들 모두에서 몽골족은 소수다(① 보르탈라몽골자치주博爾塔拉蒙古自治州, ② 바잉골몽골자치주巴音郭楞蒙古自治州, ③ 호복사르몽골자치현和布克賽爾蒙古自治縣).

몽골족은 티베트불교를 믿는다. 중국의 몽골족은 몽골국의 공용어인 할하몽골어 사용자와 별문제 없이 대화할 수 있다. 몽골국의 몽골족이 1940년대부터 키릴문자를 사용하는 데 비해 중국의 몽골족은(위구르문자에서 발전한) 몽골문자로 자신들의 언어를 표기한다.

둥샹족東鄕

둥샹족은 13세기에 칭기스 칸이 서쪽을 정벌할 때에 중앙아시아의 사마르칸트 등지로부터 거두어 데려온 이슬람교를 믿는 색목인色目人이 중심이 되어 간쑤성의 하주河州(오늘날 린샤臨夏) 일대에서 일부 후이족·한족·티베트족·몽골족을 융합하여 점점 민족공동체로 발전한 것이다.

둥샹족 대부분은 간쑤성의 린샤후이족자치주臨夏回族自治州와 그 주변 지역에 거주하고 있으며, 일부는 신장위구르자치구와 칭하이성 및 닝샤후이족자치구에 살고 있다.

2010년 11월 1일에 실시한 제6차 전국인구조사 결과를 보면, 중화인민공화국에서 둥샹족의 인구는 62만 1,551명이었다. 이들의 87.9%는 간쑤성, 10.9%는 신장위구르자치구, 0.5%는 칭하이성에 있다. 알타이 지구에서는 2,261명(2010년)으로 0.37%였다. 둥샹족은 스스로를 산타Santa 또는 사르타

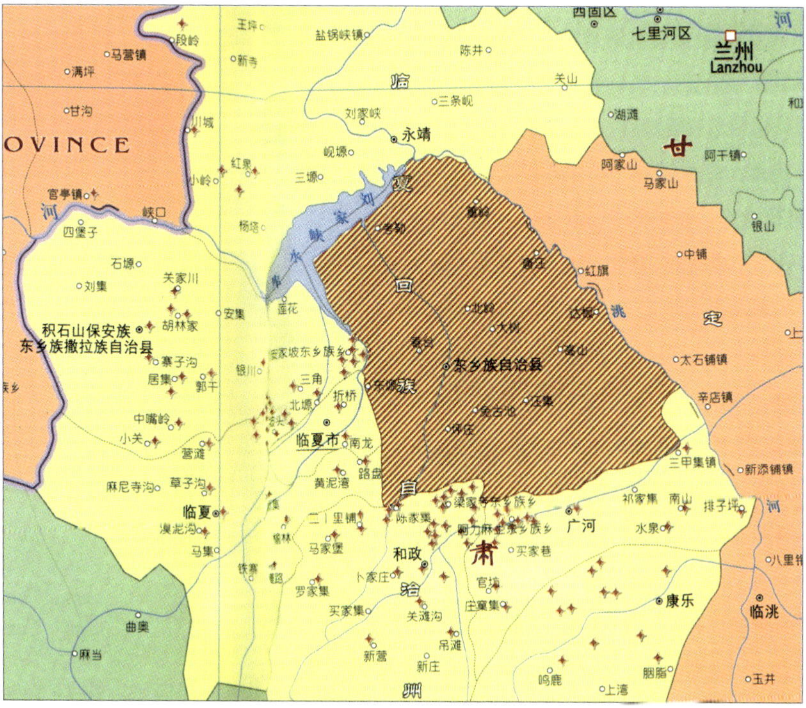

ᒥ그림 20　동샹족의 분포 지역 – 간쑤성(『中國少數民族分布圖集』, 2002)

ᒥ그림 21　동샹족의 분포 지역 – 신장위구르자치구(『中國少數民族分布圖集』, 2002)

그림 22 내몽골자치구의 수도 호흐호트에 있는 오탑사(五塔寺)

Sarta라고 부르는 이슬람교도다.

린샤후이족자치주에는 둥샹족의 이름을 지닌 2개의 자치현이 있다(① 둥샹족 자치현東鄕族自治縣, ② 지시샨보안족·둥샹족·살라르족자치현積石山保安族東鄕族撒拉族自治縣).

둥샹어는 아직 문어가 되지 못했다.

인도-유럽계

알타이 지구에 거주하는 인도-유럽계 소수민족으로는 사실상 러시아俄羅斯족이 유일하다. 과거 러시아제국이 중앙아시아로 영토를 확장할 때에 러시아인이 대량으로 이주하여 정착했고, 일부가 신장성으로 들어왔다. 이들은 1917년에 러시아혁명이 발생하자 귀국하지 않고 중국에 정착했다. 그렇지만 중국의 러시아인 인구는 거의 모두 1918~1922년의 러시아내전 후에 동북

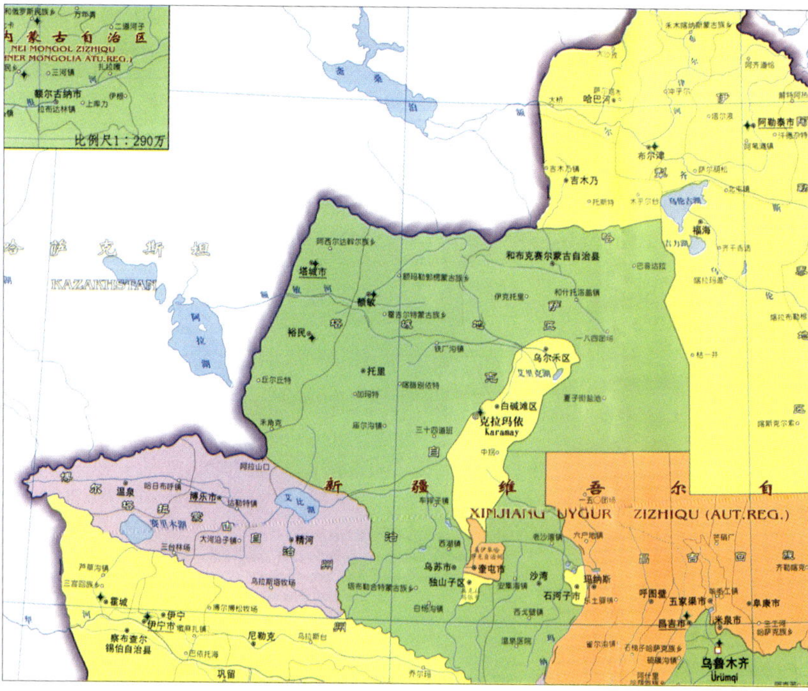

그림 23 러시아족의 분포 지역(『中國少數民族分布圖集』, 2002)

지방과 신장성으로 들어왔다. 중국에서는 이들 러시아인을 55개 소수민족의 하나로 인정하여 오늘에 이르고 있다. 러시아인은 상당수가 1960년대에 소련으로 돌아갔다.

2010년 11월 1일에 실시한 제6차 전국인구조사 결과를 보면, 중국에서 러시아족의 인구는 1만 5,416명이다. 이들 중 57.2%는 신장위구르자치구, 32.2%는 내몽골자치구, 1.7%는 헤이룽장성, 1.4%는 베이징에 있다. 알타이 지구는 254명으로, 그곳 인구의 0.04%였다.

러시아족은 그리스정교를 믿고 키릴문자(러시아문자)로 자신들의 언어를 기록한다. 사회생활에서는 중국어漢語를 사용한다.

한국알타이학회의 알타이 지구에서의 현지 언어 조사

한국알타이학회에서는 2003년 9월 1일~2006년 8월 31일에 한국학술진흥재단의 지원을 받아 '한국어 계통 구명을 위한 알타이 제어 현지조사 및 음성 영상 DB 구축'이라는 연구과제(KRF-2003-072-AL2002)를 수행했다. 이 연구과제의 현지조사에 대한 정보는 김주원 외(2008), pp. 227~354 및 http://altaireal.snu.ac.kr/askreal_v25/에 있다. 이 연구과제의 일부로 신장위구르자치구, 일리카자흐자치주, 알타이 지구에서 두 차례에 걸쳐 투바어 현지조사를 실시했다(같은 책, pp. 318~329 참조).

제1차 조사

김주원 교수(서울대학교 언어학과, 남성)의 총괄 아래, 최형원 박사(몽골어 전공, 전사 담당, 남성), 양재민(서울대학교 언어학과 석사과정, 녹음·녹화 담당, 남성), 야오캉(서울대학교 언어학과 학사과정, 통역·질문 담당, 중국인, 남성), 라이한굴

그림 24 제1차 조사단(왼쪽부터 김주원, 야오캉, 양재민, 라이한굴, 최형원)

그림 25 조사 장면(오른쪽은 게렐)

Rayhangul(중국사회과학원 인류학민족학연구소 연구원, 안내 담당, 위구르인, 여성)이 참가했다. 조사단은 2004년 10월 16일에 출국하여 10월 23일에 귀국했다.

게렐Gerel(1963년생, 남성)을 자료 제공인으로 하여 하바허현哈巴河縣의 테렉티향鐵熱克提鄕의 악카바阿克哈巴 마을에서 2004년 10월 21~22일에 10시간에 걸쳐 조사가 이루어졌다. 당시에 눈이 내리는 바람에 길이 막히면 오랫동안 현지를 벗어나는 것이 불가능했으므로 조사자들은 급히 돌아올 수밖에 없었다.

몽골족·위구르족·투바족은 성씨를 사용하지 않는다. 그러므로 자료 제공인도 이름이 게렐(몽골어로 '빛'이란 뜻)일 뿐 성씨가 없다. 악카바에서 태어난 그의 직업은 목축관리인이다. 그는 악카바에서 조상 대대로 살고 있는데, 이곳 80호 700명의 인구 중 투바인(쾨크 몬차크인)은 380명이라고 한다. 그는 몽골학교를 다녔고 투바어는 부모에게서 배웠다. 가정에서는 투바어를 사용하고, 투바족과 대화할 때에는 투바어를 사용하는데, 카자흐인과는 카자흐어로 대화한다. 그의 배우자도 투바인(쾨크 몬차크인)이고 이 부부에게는 아들이 2명 있다.

조사단은 1~4급 어휘 2,784개, 기초회화 342개 문장, 문법 284개 문형으로 이루어진 중국 지역용 질문지를 사용했는데, 이 중에서 어휘 1,187개(1, 2급 어휘 전체와 3급 어휘의 일부), 기초회화 340개 문장, 문법 284개 문형을 조사했다.

제2차 조사

필자(이용성, 남성)가 총괄하고 전사를 담당하고 서울대학교 언어학과 학부생 황영광(남성)이 통역·질문·녹음·녹화를 담당하여 실행되었다. 황영광은 어

그림 26 우루무치에서 부르친으로 가는 버스 안

그림 27 카나스의 숙소(오른쪽 붉은 지붕이 있는 건물)

그림 28 메흐메트 욀메즈와 이용성(카나스)

릴 때 중국에서 자라고 학교를 다녔기 때문에 중국어가 아주 유창했다. 필자의 터키 유학시절부터 가깝게 지낸 터키인 친구인 이스탄불의 이을드즈Yıldız 공과대학교 인문대학 터키어문학과의 메흐메트 욀메즈Mehmet ÖLMEZ 교수가 마침 자신의 연구 프로젝트의 일환으로 알타이 지구의 카나스 마을에서 투바어를 조사하고 있었다. 그는 그 당시에 우리의 연구 프로젝트에서 공동 연구원으로 있었고, 알타이 지구에는 이미 두어 번 가본 적이 있어서 신장위구르자치구에서 상당한 인맥이 있었다. 그의 인맥의 도움을 받아 투바어를 조사했다. 조사단은 2005년 4월 26일에 출국하여 5월 8일에 귀국했다.

그림 29 카나스(오른쪽 위 통나무 구조물과 나무가 있는 곳이 오보)

매치기르瑪其格爾, Mäčigir(1949년생, 여성)를 자료 제공인으로 하여 카나스喀納斯 마을에서 2005년 4월 28일부터 5월 1일까지 약 18시간에 걸쳐 조사가 이루어졌다.

카나스에서 태어난 매치기르는 알타이시에서 중국어 교사로 근무하다가 퇴직했다. 투바족의 크즐 소얀Kïzïl Soyan 씨족 출신이다. 배우자는 몽골족이고 1남 3녀를 두었다. 직장에서는 몽골어를 사용했고 가정에서는 투바어와 몽골어, 그 밖의 경우에는 투바어·몽골어·카자흐어·중국어를 사용한다. 즉 매치기르는 4가지 언어를 구사한다. 소수민족으로 살고 있는 이곳 투바인들은 이렇게 몇 가지 언어를 구사하는 것이 일반적이다. 그런데 우리가 갔을 때만 해도 어른들 사이에서 중국어를 잘하는 사람을 찾을 수 없었다.

우리는 1~4급 어휘 2,788개, 기초회화 344개 문장, 문법 380개 문형으로 이루어진 중국 지역용 질문지를 사용하였는데, 이 중에서 어휘 2,243개(1, 2급 793개, 3급 797개, 4급 653개), 기초회화 344개 문장, 문법 374개 문형을 조사했다.

그림 30 왼쪽부터 매치기르, 이용성, 토올라이(카나스)

그림 31 황영광과 투바인 소녀들(카나스) 오른쪽에 몽골학교가 보인다. 오른쪽에서 두 번째는 에르티시의 막내딸이다.

그림 32 왼쪽부터 황영광, 카드르한, 이용성

카드르한卡德爾漢, Qadïrxan(1962년생, 남성)을 자료 제공인으로 하여 하바허현哈巴河縣 테렉티향鐵熱克提鄉의 악카바阿克哈巴 마을에서 2005년 5월 2일부터 4일까지 약 16시간에 걸쳐 조사가 이루어졌다.

카드르한은 투바인이 아니라 텔렝이트Telengit인이었다. 텔렝이트족은 러시아연방의 시베리아 남부에 있는 알타이공화국에 사는 알타이튀르크족을 구성하는 종족 중 하나다. 이곳 투바인들은 텔렝이트족을 텔레우Telew라고 부르는데, 직전에 카나스에 있을 때에 투바인들 사이에서 텔레우라고 불리는 사람들을 본 적이 있기는 하다. 부유했던 그의 할아버지는 1930년대에 스탈린의 박해를 피해 옛 소련의 고르노-알타이스크Gorno-Altajsk(오늘날 알타이공화국의 수도) 일대에서 악카바로 이주했다고 한다. 그의 아버지만 해도 국경을 지나 카자흐스탄의 학교를 다녔다고 한다. 카드르한의 아내는 이곳 투바인(쾨크 몬차크인)이고 부부에게는 2남 2녀가 있는데, 나중에 카드르한에게

그림 33 게렐의 집 벽에 있는 빈 술병들

들으니 아들 하나는 양자라고 한다. 그는 가정에서는 투바어, 직장에서는 투바어·카자흐어·중국어, 그 밖의 경우에는 위구르어·중국어·카자흐어·투바어를 사용한다고 한다. 이곳 악카바 사람들은 카나스와는 달리 몽골어가 그리 유창한 것 같지는 않았다. 그는 이곳 악카바에서 태어나 8학년까지 마을의 몽골학교에서 몽골어로 수업을 받았고, 9~11학년은 하바허哈巴河 카자흐학교에서 카자흐어로 수업을 받았으며, 의과대학에서는 위구르어를 통해 1년간 중국어를 배운 뒤 중국어로 수업을 받았고, 대학을 졸업한 뒤에는 외지에서 의사로 근무하다가 요양 차 최근에 악카바로 돌아왔다고 한다. 그의 이름인 카드르한은 투바어가 아니라 카자흐어라고 한다. 카자흐어에서 카디르qadir는 '전능한'을 뜻하는 아랍어 차용어고 한xan은 '칸汗'을 뜻한다.

카드르한 말로는 2004년 10월에 김주원 교수 일행이 자료 제공인으로 삼은 게렐은 카드르한의 바로 이웃인데 알코올중독자라고 했다. 그래서 게렐의 집 벽을 보니 녹색 술병이 벽에 가지런히 쌓여 있었다. 이곳은 19세기에 러시아가 얼마동안 점령한 적이 있어서 마을의 집들은 모두 러시아식으로 통나무집이라고 했다.

우리는 이곳에서도 카나스에서와 동일한 중국 지역용 질문지를 사용했는데, 어휘 2,715개, 기초회화 344개 문장, 문법 374개 문형을 조사할 수 있었다.

2명의 자료 제공인을 상대로 언어 조사를 한 결과 알타이 지구의 투바어는 다음과 같은 특성이 있음을 알 수 있었다. 투바 문어에서는 모음 사이에서 무

그림 34 악카바에서 하바허로 가는 길(카드르한의 큰딸, 이용성, 카드르한, 카드르한의 처남)

성 자음이 유성 자음으로 바뀌는 특징이 있어서 š가 ž로 되는데, 이곳 자료 제공인들의 발음에서는 이 현상이 아주 약했다. 특히 제1 자료 제공인은 거의 언제나 무성음 š로 발음했다.

2005년에 우리가 언어 조사를 할 때만 해도 카나스와 악카바는 한족의 영향을 받지 않았다. 투바인 학생들은 몽골어로 교육을 받고 있었다. 그렇지만 이들 지역이 관광지로 개발되었기 때문에 이 언어의 미래가 그리 밝지는 않다는 것을 느꼈다. 더구나 당시에 부르친에서 카나스까지 도로가 아스팔트로 새로 포장되어서 한족의 대량 유입이 걱정되었다.

얼마 전에 한 국내 학술대회에서 들으니 한족이 이곳에 대량으로 유입되고 있다고 한다. 그렇다면 이곳의 투바족은 더 이상 자신들의 고유한 언어와 문화를 유지하기 힘들 것이다.

투바공화국 출신의 투바인 민속학자 잔나 유샤Zhanna YUSHA(여성)를 몇

그림 35 **카자흐스탄 국경선의 철책(악카바)** 왼쪽이 중국이다.

년 전에 터키의 학회에서 만나 알게 되었다. 민속학자인 그는 2010년부터 알타이 지구의 투바인들을 찾아다니며 자료를 모으고 있다 한다. 우리가 카나스에서 만났던, 중국어를 전혀 못하는 에르티시Ertish 할아버지와 악카바의 카드르한은 이미 2009년에 사망했다고 한다. 그리고 이제는 투바인 학생들이 학교에서 몽골어와 함께 중국어도 배워야 한다고 한다.

메흐메트 욀메즈에게 듣기로는 2005년에 우리를 도와주었던 투바인 장학사 토올라이托來, Toolai(몽골어로 '토끼'를 뜻함, 여성)는 하나뿐인 아들이 인민해방군에 입대해서 몇 해 전에 우루무치에서 발생한 위구르인 시위를 진압하러 투입되었다가 행방불명되었다고, 즉 죽었다고 한다. 메흐메트 욀메즈는 2015년 8월 하순에 알타이 지구의 투바인 마을들을 10년 만에 방문했다. 이미 이 마을들은 관광지로 개발되었다고 한다. 이제 투바인의 언어와 문화가 사라지는 것은 시간문제인 셈이다.

세계의 튀르크어

앞에서 본 바와 같이 알타이 지구에서는 튀르크계의 카자흐족이 가장 많이 산다. 이곳에서는 튀르크계의 위구르족·투바족·타타르족·살라르족도 있다. 그리고 몽골계의 몽골족·둥샹족도 있다. 튀르크계 언어들을 한국어·만주-퉁구스계 언어들·몽골계 언어들과 더불어 "알타이어족"으로 분류하는 학자들이 있다. 그러나 인도-유럽어의 계통을 세우는 데 성공한 인도-유럽어학에서 선택한 비교방법이 "알타이어족"의 언어에는 일부에만 부분적으로 적용되기 때문에 이들 사이의 친족관계가 아직 증명되지 않은 것으로 보는 학자들도 있다. 그만큼 "알타이어족"의 존재 자체에 대해서도 아직 불확실한 편이다. 알타이어족이 성립한다면 한국어는 "알타이어족"에 속할 가능성이 크지만, 아직 만족할 만한 증거를 확보하지 못한 상태다.

알타이 지구에서 가장 인구가 많은 카자흐족의 언어가 속하는 튀르크계 언어는 오늘날 태평양 연안에서 발트해 연안까지, 북극해 연안에서 페르시아만 연안까지 이르는 아주 넓은 지역에서 사용되고 있다. 이들을 모두 가리키는 낱말이 영어로 Turkic이고 이 중에서 터키어는 Turkish라고 하여 구분한다. 그렇지만 흔히 Turkish, 터키어로는 Türkçe/Türk Dili라는 낱말을 양쪽의 개념으로 사용하므로 혼동을 일으키기도 한다.

튀르크계 언어로는 ① 터키어, ② 소련에서 독립한 튀르크계 여러 나라에서 사용되는 아제르바이잔어·튀르크멘어·우즈베크어·카라칼파크어·카자흐어·키르기스어, ③ 러시아연방에서 사용되는 노가이어·돌간어·바슈키르어·쇼르어·알타이어·야쿠트어·추바시어·출름 튀르크어·카라차이-발카르어·쿠므크어·타타르어·토파어·투바어·하카스어, ④ 중국에서 사용되는 살라르어·서부 유구르어·(현대) 위구르어, ⑤ 우크라이나에서 사용되는(지금은 러시아에 병합된 크림 반도의) 크림타타르어, ⑥ 몰도바와 우크라이나에서 사용되는 가가우즈어, ⑦ 리투아니아에서 사용되는 카라임어, ⑧ 이란에서 사용되는 아이날루어·카시카이어·할라지어·호라산 튀르크어 등 30여 개의 언어와 방언이 있다.

튀르크족의 조상은 몽골고원에 있던 흉노匈奴족의 일부였을 것으로 추정되지만 정확한 것은 알 수 없다. 무엇보다도 흉노족 자신이 남긴 언어 기록이 없기 때문이다. 튀르크계의 돌궐突厥족이 552년에 유연柔然을 격파하고 제국을 세움으로써 튀르크라는 이름이 역사에 나타났다. 돌궐이라는 이름은 튀르크를 한자로 부정확하게 옮긴 것임이 분명하다. 돌궐족은 8세기 초에 몽골고원의 유목민 중에서 최초로 자신들의 문자 기록을 남겼다. 크고 작은 비석에 새겨진 이 돌궐문자는 튀르크족이 튀르크어 표기를 위해 사용한 최초의 문자다. 19세기 말에 이 문자를 덴마크 언어학자 빌헬름 톰센Vilhelm Thomsen(1842~1927)이 해독했다.

몽골고원에 있던 튀르크족의 주력은 점차 서쪽으로 이주하여 여러 종족과 혼합되어 위에서 제시된 수많은 언어를 사용하는 민족으로 발전했다.

| 참고문헌

1. 신장 알타이 민족구성의 역사적 변천

고마츠 히사오 외 씀, 이평래 옮김(2005), 『중앙유라시아』, 소나무.

김주원 · 권재일 · 고동호 · 김윤신 · 전순환(2006), 『사라져 가는 알타이언어를 찾아서』, 태학사.

제임스 A. 밀워드 지음, 김찬영 · 이광태 옮김(2013), 『신장의 역사 – 유라시아의 교차로 –』, 사계절.

오타니 니카오 지음, 민혜홍 옮김(2008), 『대월지 – 중앙아시아의 수수께끼 민족을 찾아서 –』, 아이필드.

房若愚(2005), 「新疆哈薩克族人口規模變遷及分布」, 『新疆大學學報(哲學 · 人文社會科學版人)』 第33卷 第4期.

新疆維吾爾自治區人民政府人口普查領導小組辦公室(2012), 『新疆維吾爾自治區2010年人口普查資料』, 北京 : 中國統計出版社.

張榮(2002), 「淸代阿爾泰地區哈薩克源流述論」, 『伊犁師範學院學報』 第1期.

中華人民共和國國家統計局(2012), 『中國2010年人口普查分縣資料』, 北京 : 中國統計出版社.

中華人民共和國公安部(2011), 『中華人民共和國全國分縣市人口統計資料2010』, 北京 : 群衆出版社.

George Ginsburgs(1983), *The Citizenship Law of the USSR*, Hague : Martinus Nijhoff Publishers.

Ildiko Beller–Hann(2008), *Community Matters in Xinjiang 1880–1949: Towards a Historical Anthropology of the Uyghur*, Leiden : Brill Academic Publishers.

http://www.doc88.com/p–6069955207282.html(2014년 12월 9일 검색).

http://commons.wikimedia.org/wiki/File:Xinjiang_nationalities_by_prefecture_2000.png(2014년 12월 6일 검색).

http://www.alt.gov.cn/Article/ShowArticle.aspx?ArticleID=44124(2014년 12월

9일 검색).
http://wenku.baidu.com/link?url=D1SCyrmk2kxNhtt5F5fPL61hh_uPSwxP8h17UgV65Z0XsvOVwzKZ0JncIYy8LIx-R7ebMmfLGbSXYfyNXjwQt4N0aKNHL06WJSmesaIwiPS&pn=50(2014년 12월 9일 검색).

2. 신장 알타이의 종교

동북아역사재단 엮음(2013), 『알타이 스케치-몽골 알타이 편』, 동북아역사재단.
마르코 폴로·루스티 켈로 지음, 배진영 엮어 옮김(2004), 『동방견문록』, 서해문집.
제임스 A. 밀워드 지음, 김찬영·이광태 옮김(2013), 『신장의 역사』, 사계절.
카렌 암스트롱 지음, 정영목 옮김(2011), 『축의 시대』, 교양인.
피터 홉커크 지음, 김영종 옮김(2000), 『실크로드의 악마들』, 사계절.
古力扎提(2005), 「淺談哈薩克族薩滿教信仰中的禁忌行爲-禳解」, 『西北第二民族學院學報(哲學社會科學版)』 第3期.
那木吉拉(2013), 「阿爾泰語系諸民族圖騰神話形態追尋」, 『百色學院學報』 第1期.
馬品彦 編著(2009), 『新疆宗教知識讀本』, 北京: 民族出版社.
孟慧英(2001), 「在其他宗教影響下的薩滿教命運」, 『滿族研究』 第1期.
木拉提·黑尼亞提, 迪木拉提·奧邁爾(2007), 「論哈薩克族民間信仰」, 『新疆社會科學』 第2期.
秀梅, 安曉平(2009), 「淺談新疆民族宗教多元性特點的表現形式」, 『塔里木大學學報』 第1期.
阿依夏木古麗·阿尤甫(2006), 「維吾爾族的薩滿教遺俗」, 『青海民族研究』 第4期.
熱拉依·達吾提(1991), 「維吾爾族對答圖騰-狼的崇拜」, 『新疆大學學報(哲學社會科學版)』 第1期.
王建新(2010), 「現代語境中的新疆維吾爾薩滿研究-基於人類的視覺」, 『北方民族大學學報(哲學社會科學版)』 第2期.
王其格(2010), 「淺論阿爾泰語系民族'鹿''鳥'圖騰」, 『赤峰學院學報(漢文哲學社會科學版)』 第8期.
王力雄(2007), 『我的西域, 你的東土』, 台灣: 大塊文化.
李媛(2009), 「新疆蒙古族薩滿教的歷史與現狀」, 『西部蒙古論壇』 第1期.
李進新(2001), 「新疆宗教演變的基本特點」, 『新疆社會科學』 第5期.

李進新(2005),「薩滿教在新疆少數民族中的遺留」,『新疆大學學報(哲學社會科學版)』第4期.
張新輝·朱梅新(2008),「新疆古代突厥語族原始宗教祭祀舞蹈－撒滿舞特徵解讀」,『武漢體育學院學報』第7期.
張昀(2000),「哈薩克族的動物崇拜」,『民間文化』第7期.
『中國各民族宗教與神話大詞典』編審委員會(1993),『中國各民族宗教與神話大詞典』, 北京: 學苑出版社.
陳見影(2007),「淺談新疆薩滿教文化旅遊開發」,『新疆師範大學學報(自然科學版)』第3期.
陳旭(2007),「中國北方民族薩滿文化所體現的生態倫理價値觀念」,『宗教學硏究』第2期.
黃達遠(2005),「試論新疆少數民族城鄉中的薩滿教遺存」,『宗教學硏究』第4期.
董紅玲(2007),「哈薩克族神話傳說與早期宗教信仰的多元化探析」,『新疆石油教育學院學報』第1期.
Clémence Hollard, Christine Keyser, Pierre-Henri Giscard, Turbat Tsagaan, Noost Bayarkhuu, Jan Bemmann, Eric Crubézy, Bertrand Ludes(2014), *Strong genetic admixture in the Altai at the Middle Bronze Age revealed by uniparental and ancestry informative markers*, Forensic Science International: Genetics, Vol. 12, pp. 199~207.
羅新,「作爲歷史的狼祖傳說」,『文匯報』[http://whb.news365.com.cn(2015. 3. 6.)].
馬健,「吐魯番的摩尼教遺存」,『西域文明的發現』[http://dsr.nii.ac.jp(2006. 11. 1.)].
「巴爾達庫爾巖畫群」, 天山網[http://www.tianshannet.com(2007. 4. 23.)].
「新疆洋海墓地出土3300年前褲子 由3塊布料縫製」,『光明日報』[http://www.gmw.cn(2014. 6. 6.)].
「洋海古墓」(1)－(7), CCTV 記錄片[http://jishi.cntv.cn/CCTVjilupian(2010. 9. 20.~9. 26.)].
「探秘龜玆古國(五)」, 中國網[http://www.china.com.cn(2012. 9. 6.)].

3. 신장 알타이의 신화

곽진석(2012),「흉노 제사의 신앙적 성격에 대한 연구」,『동북아문화연구』제30집.
김선자(2009),『중국 소수민족 신화기행』, 안티쿠스.

김선자(2013), 『오래된 지혜』, 어크로스.
김선자(2014), 「만주족 의례에 나타난 자손줄[子孫繩]과 여신, 그리고 '탯줄 상징'」, 『중국어문학논집』 제86호.
김주원(2015), 「알타이 언어와 민족」, 『인문·역사』 제53권 제12호.
郎櫻(1994), 「중국 돌궐어 민족의 샤머니즘 신앙」, 『비교민속학』 11집.
바트톨가·이선아 번역(2009), 「카자흐족 풍속」, 『비교민속학』 제40집.
박아림(2012), 「몽골에서 최근 발굴된 돌궐시대 벽화고분의 소개」, 『고구려발해연구』 제43집.
송화섭(2008), 「시베리아 알타이 지역의 샤먼상 암각화」, 『한국무속학』 제16집.
양민종(2010), 「신화 내부 시간 범주에 따른 알타이신화 모티프 분류」, 『단군학연구』 제22호.
유흥태(2010), 『페르시아의 종교』, 살림출판사.
장준희(2010), 「중앙아시아의 전통축제 '나브루즈' 고찰」, 『비교민속학』 제43집.
정세진(2011), 「카자흐 문화 정체성 연구 – 역사, 전통, 그리고 상상의 공동체의 개념을 중심으로」, 『노어노문학』 제23권 4호.
정재훈(2000), 「위구르의 摩尼教 收容과 그 性格」, 『歷史學報』 第168輯.
賈利爾 杜斯特哈赫 選編, 元文琪 譯(2005), 『阿維斯塔(Avesta)』, 商務印書館.
高一惠·馬世才(2007), 「古代維吾爾文化特質的眞實體現」, 『社科縱橫』 總第22卷 第8期.
那木吉拉(2005), 「額爾古涅 – 昆傳說的神話原型」, 『中央民族大學學報(哲學社會科學版)』 第1期 第32卷(總第158期).
南香紅(2011), 『衆神栖落新疆』, 九州出版社.
賴彦剛(2005), 「新疆民間神話研究」, 『西華大學學報(哲學社會科學版)』 12期.
董朕(2008), 『維吾爾先民原始信仰的特徵及文化意義探析』, 新疆師範大學 碩士學位論文.
董紅玲(2007), 「哈薩克神話傳說與早期宗教信仰的多元化探析」, 『新疆石油教育學院學報』 第1期 第9卷 第1期(總第61期).
瑪依達(2002), 「論哈薩克民族神話與原始宗教」, 『昌吉學院學報』 第3期.
滿都呼(1997), 『中國阿爾泰語系諸民族神話故事』, 民族出版社.
滿都呼, 陳崗龍 譯(1998), 「蒙古突厥語族民族族源傳說比較凡說」, 『民族藝術』 第2期.
孟根·包建軍(2013), 「試論鄂爾多斯祭火飯與新疆諾茹孜飯」, 『黑龍江史志』 第11期.
木拉提·黑尼亞提(1993), 「論哈薩克族創世神話的民族特徵和哲學意義」, 『新疆大學學報(哲學社會科學版)』第21卷 第3期.
桑木丹 G. 葛爾梅 著, 向紅笳 譯(1994), 「概述苯教的歷史及教義」, 『國外藏學研究譯文集』 第11輯, 西藏人民出版社.
阿班·毛力提汗(2007), 「論哈薩克族創世神話中的哲學思想」, 『西北民族研究』 第3期(總第54期).
阿不都克里木·拉合曼(1985), 「維吾爾神話初探」, 『新疆大學學報(哲學社會科學版)』 2期.
阿不都力江·賽依提(1997), 「簡論哈薩克族宗教信仰的演變」, 『新疆社會經濟』 第6期.
阿爾帕提高麗·吾斯曼(2008), 「維吾爾的民間傳說與民歌」, 『新疆職業大學學報』 第16卷 第1期.
楊世光 整理(2009), 『黑白之戰』, 雲南人民出版社.
呂霞(1998), 「西北少數民族英雄史詩的審美思考」, 『青海社會科學』 第2期.
烏日古木勒(2007), 『蒙古突厥史詩人生儀禮原型』, 民族出版社.
王吉祥(2012), 「生態女性主義視野下的哈薩克神話傳說試解」, 『伊犁師範學院學報(社會科學版)』 第2期.
劉振偉(2006), 「西域神話研究之現況及其意義」, 『西域研究』 第1期.
劉振偉(2006), 「絲綢之路與神話傳播」, 『中央民族大學學報(哲學社會科學版)』 第2期 第33卷(總第165期).
李竟成(2006), 「新疆民族神話簡論」, 『新疆藝術學院學報』 第4卷 第4期.
李果(2009), 「維吾爾英雄史詩『吾古斯傳』中折射的薩滿教神話」, 『語文學刊』 第8期.
林幹(1981), 「突厥的習俗和宗教」, 『民族研究』 6期.
張紅偉(2009), 「論哈薩克神話的自由精神」, 『西北民族大學學報(哲學社會科學版)』 第4期.
迪木拉提·奧邁爾(2007), 「當代哈薩克族的薩滿教信仰:儀式及其變遷」, 『新疆社會科學』 第5期.
中國各民族宗教與神話大詞典 編審委員會(1993), 『中國各民族宗教與神話大詞典』, 學苑出版社.
中華民族故事大系編委會 編(1995), 『中華民族故事大系』(第1卷 漢族·蒙古族·回族), 上海文藝出版社.
畢桪(2002), 「哈薩克神話傳說裏的波斯成分」, 『民族文學研究』 1期.
畢桪(2007), 「烏古斯傳』的敍事母題」, 『伊犁師範學院學報(社會科學版)』 第4期.
包海青(2007), 『蒙古族族源傳說比較研究』, 中央民族大學 博士學位論文.
黃中祥(2007), 『哈薩克英雄史詩與草原文化』, 中央編譯出版社.

黃中祥(2009), 「哈薩克英雄史詩的母題系列類型」, 『西域研究』 第4期.
Ala-ad-Din Ata-Malik Juvaini(1958), *The History of the world-conqueror*, Harvard Univ. Press.

4. 신장 알타이의 언어

김주원 외(2008), 『사라져 가는 알타이 언어를 찾아서』, 태학사.
김주원 외(2011), 『언어 다양성 보존을 위한 알타이언어 문서화』, 태학사.
다바타 히사오 외 공저, 원정식·이연주 역(2006), 『중국소수민족입문』, 현학사.
이용성(2012),『터키와 점점 친해지는 샤크르 샤크르 터키어』, 한국학술정보.
이용성(2012), 「튀르크 계 언어 대상의 한글 표기법 구상」, 『건지인문학』 8.
탈랴트 테킨 지음, 이용성 옮김(2008), 『돌궐 비문 연구』, 제이앤씨.
탈랴트 테킨 지음, 이용성 옮김(2012), 『돌궐어 문법』, 한국학술정보.
郝時遠(主編)(2002), 中國少數民族分布圖集, 北京: 中國地圖出版社.
Glazer, Nathan & Daniel P. Moynihan(eds.)(1975), *Ethnicity: Theory and Experience*, Cambridge/Mass. & London: Harvard University Press.
Johanson, Lars & Éva Á. Csató(eds.)(1998), *The Turkic Languages*, London & New York: Routledge.
Mackerras, Colin(2003), *China's Ethnic Minorities and Globalisation*, London & New York: RoutledgeCurzon.
Tekin, Talat(1991), *A New Classification of the Turkic Languages*, Türk Dilleri Araştırmaları 1.
Tekin, Talat & Mehmet Ölmez(2014), *Türk Dilleri—Giriş—*, Ankara: BilgeSu.
http://altaireal.snu.ac.kr/askreal_v25/(2014년 12월 5일 검색).
http://news.ts.cn/content/2011-05/06/content_5792193.htm(2014년 12월 5일 검색).
http://www.cld-korea.org/(2014년 12월 5일 검색).
http://www.gks.ru/free_doc/new_site/perepis2010/croc/perepis_itogi1612.htm(2014년 12월 5일 검색).
http://www.stats.gov.cn/tjsj/pcsj/rkpc/6rp/indexch.htm(2014년 12월 5일 검색).

찾아보기

ㄱ

ㄴ

ㄷ

ㄹ

ㅁ

ㅇ

ㅈ

ㅊ

ㅋ

ㅌ

ㅍ

ㅎ

알타이 스케치 3

신장 알타이 편

초판 1쇄 인쇄 2015년 12월 23일
초판 1쇄 발행 2015년 12월 31일

엮은이 동북아역사재단
펴낸이 김호섭
펴낸곳 동북아역사재단

등록 제312-2004-050호(2004년 10월 18일)
주소 서울시 서대문구 통일로 81 임광빌딩
전화 02-2012-6065
팩스 02-2012-6189
e-mail book@nahf.or.kr

ISBN 978-89-6187-394-9 94910
978-89-6187-326-0 (세트)

* 이 도서의 국립중앙도서관 출판예정도서목록(CIP)은 서지정보유통지원시스템 홈페이지(http://seoji.nl.go.kr)와 국가자료공동목록시스템(http://www.nl.go.kr/kolisnet)에서 이용하실 수 있습니다.(CIP제어번호 : CIP2015035147)

* 책값은 뒤표지에 있습니다. 잘못된 책은 바꾸어 드립니다.